들리는 설교

들리는
설교

말씀 전달의 기술

장주희 지음

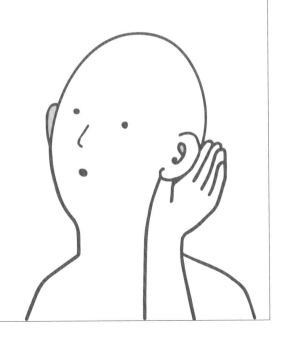

이른비

나는 소리에 제법 민감합니다. 집회를 가면 제일 먼저 음향을 체크하지요. '소리를 줄여주세요' '저음을 낮춰보세요'… 설교할 때 소리가 좋지 않으면 전달력이 떨어지기 때문입니다.

잘 들리는 설교가 있고 잘 들리지 않는 설교가 있습니다. 내용만 좋으면 된다고 하지만 그렇지 않습니다. 설교는 말입니다. 말은 훈련에 따라 소통 능력이 달라집니다. 내용도 중요하지만 기술 또한 중요합니다. 장주희 아나운서가 말의 전문가로서 잘 들리는 설교에 도움을 주고자 공들여 글을 썼습니다. 설교를 잘 전달하기 위해 고심하는 목회자들에게 일독을 권합니다.

• 김동호 목사(높은뜻연합교회)

설교는 목사의 특권이자 무거운 짐입니다. 현대교회에서 하나님의 말씀을 명쾌하게 선포해야 한다는 부담감으로 목회자들은 많은 시간을 설교 준비에 할애하면서도, 늘 준비가 안 된 듯한 죄책감에 시달립니다. 이런 때에 아나운서로 한길을 걸어온 저자가 '설교 코칭'에 대한 책을 쓴 것은 개인적으로도, 설교자들에게도 기쁨이 아닐 수 없습니다.

「새롭게 하소서」를 함께 진행하면서 알게 된 장주희 아나운서는 따뜻한 마음과 인격을 지닌 겸손한 그리스도인입니다. 그는 설교를 위해 노력하는 목사님들에 대한 관심과 애정으로 설교자를 돕는 사역을 꿈꾸어 왔습니다. 이제 그 구체적인 결과를 담은 책을 내놓게 되었습니다. 티칭teaching이 아니라 코칭couching이라고 표현하는 데서 설교자들을 섬기고자 하는 마음을 느낄 수 있었습니다. 평소 문제의식을 가지고 있으면서도 어떻게 개선해야 할지 잘 모르는 분들에게 큰 도움이 되리라 확신합니다.

이 책은 단순히 전달의 기교를 말하고 있지 않습니다. 설교자의 자세와 말씀을 효과적으로 전달하기 위한 훈련 방법 등 평소 목회자들이 궁금히 여겼던 것들을 명쾌하게 설명하고 있습니다. 막 설교를 시작하는 이는 물론, 오랫동안 말씀을 전하면서도 설교에 부담감을 가지는 목회자들에게 실제적인 도움이 될 것입니다. 앞으로도 이런 목회자와 평신도의 동역이 목회의 각 분야에서 구체적으로 나타나기를 기대합니다.

• 서정오 목사(동숭교회)

하나님의 말씀이자 사람의 말

제 사무실 책상에는 서류 파일이 하나 있습니다. 거기에는 200여 장의 예배 순서지가 모아져 있습니다. 제가 근무하는 CBS는 매일 아침 직원예배를 드리는데, 평소에는 직원들이 한 사람씩 돌아가며 예배를 인도하고 일주일에 한 번 정도는 외부의 목사님이 오셔서 설교합니다. 그럴 때마다 예배 순서지를 모아둔 것이 몇 년이 지나자 파일이 꽤 두툼해졌습니다.

목사님의 간략한 프로필과 설교 제목이 적힌 그 순서지 여백은 메모로 가득합니다. 설교를 들으며 제 나름대로 모니터한 것인데, 나중에 기회가 되면 목사님에게 전하고 싶은 내용이기도 합니다. 사실 처음에는 말씀에 집중이 잘 안 되어서 끄적끄적했습니다. 그런데 직업 탓인지 언제부터인가 설교를 꼼꼼히 모니터하고 있더라고요. 설교 내용은 좋은데 왜 지루하게 들리지? 전달에 무슨 문제가 있지? 그런 생각이 들면서 설교하는 목사님들의 어려움이 저의 고민처럼 느껴졌습니다. 그렇게 시작한 메모는 거듭될수록 구체적인 내용과 해결 방안까지 더해져 분량이 늘어나게 되었습니다.

저는 목사님들을 만날 기회가 많았습니다. 「올포원」「새롭게 하소서」「수호천사」 같은 간증이나 나눔, 설교 관련 프로그램을 진행해왔고, 설교 코칭 강의도 하고 있기 때문입니다. 목사님들은 조금 쑥스러운 얼굴로 설교에 대한 고충을 얘기합니다. 매주 말씀을 전해야 하는데, 그 중요성에 비하면 신학교에서 설교 스피치에 대해 제대로 배울 기회가 없었노라고 말합니다. 동영상으로 선배 목사님들의 설교를 보고 배운다는 분들도 있었습니다. 물론 설교 영상이 좋은 교재이기도 하지만 은근히 부담된다고도 하셨습니다. 요즘은 교회마다 설교 동영상을 올려놓고 있으며, 성도들도 다양한 목사님들의 설교를 찾아 들으며 비교를 한다는 것이었습니다.

설교 스피치에 관심을 두자, 저는 예배 순서지에 메모하는 것만으로는 부족하다고 생각했습니다. 그래서 목사님들이 어떤 점을 어려워하고 어떤 점을 알고 싶어 하는지 체계적이고 구체적으로 정리하게 되었지요. 그리고 오랫동안 마음에 품고 있던 상담 공부에 이어 설교 코칭을 시작했습니다. 지금은 설교 코칭으로 목사님들을 일대일로 만나거나 강의도 하고 있습니다. 물론 목사님들 앞에서 강의하기는 쉽지 않습니다. 강의 자체의 어려움이라기보다 그 자리에 온 분들이 특별한 청중이기 때문이지요. 평신도인 제가 여러 목사님 앞에서, 그것도 설교에 대한 이야기를 한다니 긴장이 되는 건 당연하지요. 강의가 끝나면 대개 두 가지 반응을 보입니다. "이런 내용을 미리 알았으면 좋았을 텐데"라며 반가워하는 분들도 있고, "설교는 일반 스피치와 달라요. 성령의 인도하심에 따라 해야지 말재주를 부리면 안 되지요"라고 좋지 않게 보는 분들도 있습니다. 그렇지만 설교는 (하나님의) 말씀인 동시에 (사람의) 말이라는 사실, 그리고 코칭이 필요하다는 생각에는 많은 목사님들이 공감하셨지요. 최근에 설교를 스피치라는 관점에서 접근해보고 싶다며 강의를 청하는 자리가 제법 많아진 것도 그런 이유겠지요.

"발음을 명확하게 하거나 좋은 목소리를 내는 방법이 있나요?" 강의 뒤에는 꼭 이런 질문을 받는데, 이것은 스피치의 형식적인 측면을 배우고 싶다는 말이지요. 물론 발음, 발성, 호흡이 안정되면 전달력이 좋아지니까 그 부분의 훈련도 분명 필요합니다. 그렇지만 그런 요소들이 크게 걸림돌이 되지는 않습니다. 알아듣기가 힘들고 거북한 목소리가 아니라면 뜻을 전하는 데 무리가 없습니다. 그보다 더 중요한 부분은 소통의 측면입니다. 말은 단순히 메시지를 전달하는 수단이 아니라 소통의 수단입니다. '내가 어떻게 말하느냐'가 아니라 '내 말이 어떻게 들리는지, 상대방이 내 말을 어떻게 받아들이는지'가 중요하지요. 그렇게 말을 커뮤니케이션의 관점으로 보면 적절한 전달방법을 고민하게 되고, 발음과 발성 부분도 자연스럽게 바뀝니다.

설교 코칭은 목사님들을 가르치는 것이 아닙니다. 목사님만의 개성과 장점을 찾아내고 그것을 살리는 과정입니다. 설교를 통해 무엇을 전하고 싶은지 자신만의 목표를 정하고 구체화하는 과정입니다. 설교라는 축복의 통로를 가로막는 장애물이 있다면 걷어내야겠지요. 그렇게 하려면 어떤 점을 어려워하고 어떤 점을 보완해야 하는지 솔직하게 나누어야 합니다. 저 역시 아나운서로 일해오며 말하기에 있어서 크고 작은 시행착오를 많이 겪었습니다. 그런데 그 경험을 통해 목사님들의 고민을 조금이나마 공감할 수 있었습니다. 나의 부족함이 다른 사람을 이해하는 계기가 된 것입니다. 헨리 나우웬은 저서 『영적 발돋움』에서 말했습니다. "나무를 자라게 할 수는 없지만 그 성장을 막는 잡초와 돌멩이는 치워줄 수 있듯이, 마음의 변화를 누구에게도 강요할 수 없지만 이런 변화가 일어날 수 있는 자리는 마련해줄 수 있다." 저의 마음도 그렇습니다. 저 역시 주일예배에 선포되는 말씀으로 새 힘을 얻는 한 사람의 성도입니다. 설교의 귀한 가치를 잘 알기에 목사님들을 돕고자 코칭을 시작했고, 여기까지 왔습니다. 준비한 말씀이 성도들에게 온전히 가 닿기를 바라며, 이 책이 그 작은 역할을 할 수 있다면 기쁘겠습니다.

2019년 12월

장주희

차례

주일에 목사님들은 가장 바쁩니다. 말씀을 전하고 새신자를 만나고 제직회를 진행하기도 합니다. 예배가 끝나고 교인들이 돌아가고 나면 교회를 살피는 일도 목회자의 몫입니다. 직장인들이 가장 분주한 월요일에 목사님은 쉼을 갖습니다. 주일을 돌아보고 새로운 한 주의 목회 일정을 차분히 계획하는 시간입니다. 무엇보다 많이 생각하는 것은 역시 설교 준비일 것입니다. 새벽예배, 수요예배, 금요기도회, 대예배 설교까지 무슨 말씀을 전할까 성경을 펼치겠지요. 그러면서 어제의 설교를 떠올릴 것 같습니다. 준비한 대로 말씀 전달이 잘 되었는지, 설교를 듣던 성도들의 반응을 생각해보겠지요.

이 책을 그런 때에 읽어보면 좋을 것 같습니다. 설교 코칭은 보통 5회기에서 10회기 정도로 이루어지는데, 이 책은 8회기 코칭에 맞춰 8장으로 구성했습니다. 책을 한번에 읽을 수도 있겠지만 직접 적용하는 과정을 병행해야 효과가 있으니 한 장씩 천천히 읽기를 권합니다.

각 장마다 설교의 문제점을 짚어보고 전달의 측면에서 해결 방법을 소개해보려 했습니다. 그리고 끝에 '오늘의 할 일'을 제시했습니다. 실행목표 작성하기, 설교 피드백 받기, 핵심 메시지 정하기 등 직접 해봐야 하는 일들입니다. 물론 '오늘의 할 일'을 한다고 단박에 변화가 일어나지는 않겠지만 문제점을 의식하고 꾸준히 연습한다면 분명히 나아지리라 봅니다. 마지막 장은 김동호·서정오 목사님을 만나 설교에 대한 생각을 듣고 정리한 것입니다. 설교 경험이 많은 두 분의 솔직하고 실제적인 조언입니다.

그럼 이제부터 청중에게 잘 들리는 설교를 하기 위한 작은 발걸음을 떼볼까요?

1

설교 코칭은 무엇인가요?

스피치 수업과 스피치 코칭은 어떻게 다른가요?

 대중에게 메시지를 전달하고 대중을 설득하는 말하기라는 점에서 설교 역시 스피치입니다. 따라서 설교에도 스피치 연습이 필요하고, 연습하면 변화가 일어나지요. 일반 스피치 수업에서는 전문가가 선생이나 멘토가 되어 스피치의 기술을 가르치지만 코칭에서 코치는 안내자입니다. 코치이가 원하는 목표 지점까지 동행하는 동반자이지요. 가장 큰 차이점은 코치이 스스로가 적극 참여한다는 사실입니다. 코치이가 기대하고 열심을 내는 정도에 따라 결과는 확연히 달라집니다.

설교 코칭을 시작하는 첫날입니다! 코칭이 무엇인지, 코치와 코치이coachee의 역할, 코칭 과정에 대해 살펴보겠습니다. 요즘은 '코칭'이란 말을 여러 분야에서 사용하고 있지만 개념의 이해 없이 어휘만 따서 쓰는 경우가 많습니다. 코칭이 일반 수업이나 멘토링 등과 가장 다른 점은 코치이의 자발적인 참여가 중요하다는 사실입니다. 본인이 무엇을 원하는지, 어떤 의미가 있는지, 얼마나 이루고 싶은지 기대하고 열심을 내는 정도에 따라 결과가 달라집니다. 그래서 첫 만남에서는 코칭을 받으려는 목적을 공유하고 현재 상황을 점검합니다.

여러분은 지금 막 길 위에 올랐습니다. 멀리 시선을 던져볼까요? 저기 목적지가 보입니다. 풍경을 한번 둘러보세요. 좋습니다. 이제 첫 걸음을 떼어보시죠.

모든 설교는 다르다

'코치' 하면 먼저 스포츠를 떠올릴 텐데요, 알고 보면 코칭의 영역은 일상 전반에 걸쳐 있습니다. 코치coach의 어원은 '마차'에서 유래했습니다. 1500년대 헝가리의 도시 코치Kocs에서 네 마리의 말이 끄는 마차가 제작되었는데 화려한 외양으로 당시 큰 인기를 끌었다고 합니다. 이후 마차는 코치kocsi 또는 코트드지kotdzi라는 명칭으로 유럽 전역으로 퍼졌고, 영국 발음인 코치로 정착되었습니다. 마차에 탄 손님이 일러주는 장소로 데려다주는 것이 '코칭'입니다. 요즘으로 말하면 택시가 되겠지요.

정해진 노선으로 가는 버스와 달리 택시는 손님이 원하는 목적지로 달립니다. 손님은 기사에게 목적지를 분명히 말해야 하고, 원하는 길로 가달라고 요청할 수도 있습니다. 코칭에서 코치와 코치이의 관계도 비슷합니다. 코치는 코치이가 목적지까지 갈 수 있도록 지지해주고 함께합니다. 코치이의 현재 위치를 파악하고 경로를 만들며 동행하지요. 중요한 것은 우리는 저마다 모두 다르고, 각자 원하는 목적지나 경로가 다르다는 사실입니다. 토기장이 되신 하나님은 한 사람 한 사람을 고유한 존재로 지으셨고, 우리는 생김새, 성격, 재능 등 모든 면에서 다릅니다. 말하는 방식도 마찬가지입니다. 설교 역시 목사님마다 다르지요.

설교에는 다양한 스타일이 있습니다. CBS에서도 많은 목사님이 방송 설교를 하시지만 저마다 색깔이 달라요. 교인들이 살아가는 일상에서 주제를 찾아 공감을 이끌어내고 설득하는 상담 같은 설교가 있고, 말씀에 기초해 교리를 해석하는 수업형 설교도 있습니다. 뜨겁게 성령의 임재를 구하는 부흥회 같은 설교도 있고요. 이런 것들은 편의상의 분류일 뿐, 가만히 보면 모든 설교는 다 다릅니다. 다양한 은사를 받았기 때문이지요.

목사님의 개성이 말씀과 만날 때 설교 스타일이 생깁니다. 그런데 개성을 잘 드러내지 못하는 분도 있고, 지나치게 발산하는(?) 분도 있습니다. 아니, 오래 설교를 해왔지만 자신의 개성이 뭔지 잘 모르는 분도 있지요. 설교 코칭은 먼저 그 부분을 관찰합니다. 하나님께서 빚으신 본연의 그릇이 어떤 모양인지 그려봅니다.

목사님마다 화법이 달라서 설교의 장단점도 각양각색입니다. 스피치를 배우려는 목적도 다르게 마련이지요. 회중 앞에 서면 너무 긴장을 해서 그 점을 해결하고 싶은 분도 있고, 준비는 잘했는데 매번 두서없이 말이 나와 고민인 분도 있습니다. '말하기'의 장애물에 따라 걷어낼 방법이 달라지고, 배우려는 목적에 따라 접근법도 달라져야 합니다. 일반적인 스피치 화법의 틀로는 개개인의 문제를 해결하는 데 한계가 있습니다.

지금까지 스피치는 주로 '교육'에 주안점을 두었습니다. 이상적인 스피치를 백점이라고 정해놓고 부족한 면을 지적하며 수정하는 방법을 익히게 했습니다. 사람들은 숙련된 아나운서처럼 말하려고 모난 부분을 깎아내며 연습을 반복합니다. 하지만 아나운서에게 교육하는 방식을 일반인에게 그대로 적용하면 대부분 따라오지 못합니다. 복식호흡과 정확한 발음, 공명이 좋은 발성 등은 스피치의 기본이지만 몇 시간 정도 교육받고 연습한다고 온전히 익힐 수는 없거든요. 교육 내용도 주로 외형적인 스타일을 다듬는 데 맞춰져 있습니다. 어떻게 설득력 있게 말할 수 있는지, 어떤 방식으로 말해야 공감을 얻을 수 있는지 내용에 대한 고민은 적습니다. 장점은 살리고 단점은 보완해서 자신만의 스타일을 찾기보다 정답에 자기를 끼워 맞추라고 가르칩니다. 그렇게 해서 조금씩 나아질 수는 있겠지만 정말 자신이 원하는 모습을 찾아갈 수 있을까요? 전문가가 제시하는 백점을 바라보면 지쳐서 포기하게 됩니다. 본인의 뜻이 아닌 주어진 목표를 좇아가다 보면 실력이 부족한 것 같아 의욕을 잃습니다. 뭔가 배운 듯한데 실제 적용하기는 어려운, 강의실 안의 교육으로 끝나기가 쉽습니다.

말의 한계와 가능성

이런 방식으로 스피치 교육을 하면 사실 가르치는 사람도 한계에 부딪힙니다. 저는 스피치에 '코칭'을 접목하며 그 어려움을 덜어낼 수 있었습니다. 우선 제가 먼저 변화되었습니다. 예전에는 저 역시 정답을 맞히도록 설명해주고 따라하게 하면서 과외 선생처럼 가르쳤습니다. 하지만 이제는 스스로 답을 찾을 수 있게 돕고 있습니다. 특히 목사님들이 대상일 때는 더더욱 그렇습니다. 스피치를 배우는 목적이 아나운서나 일반 강사와 다르기 때문이지요. 목사님께 먼저 평소에 말하거나 소통하는 데 어떤 어려움이 있는지, 어떻게 바꾸어나가면 좋을지 질문합니다. 그 과정에서 스스로 알게 되는 것들이 진짜 자신의 것이 됩니다.

이렇게 생각을 전환하게 된 계기가 있습니다. 아나운서라는 직업을 가지고 살면서 '말하기'에 대한 근본적인 의문을 품게 된 것이지요. 올해로 27년차, 그동안 많은 방송을 해왔지만 그중 소외된 이웃을 돕는 기부 프로그램인「함께 사는 세상」「수호천사, 사랑의 달란트를 나눕시다」를 진행한 시간들은 저에게 큰 영향을 주었습니다. 관련 방송을 10여 년간 했으니 시간의 무게도 그렇지만, 무엇보다 가슴 아픈 사연을 소개하고 도움의 손길을 연결해줄 수 있어 큰 보람이 있었습니다. 그런데 문득 제가 '말' 안에 갇혀 있다는 생각이 들었습니다. 진행을 하면서 느끼는 감동도 결국 스튜디오 안에 머물러 있는 것 같았습니다. 방송을 떠나, 모니터 밖으로 나가서 누군가의 삶으로 들어가 실제로 돕는 일을 할 수 없을까 고민하게 되었습니다. 말하자면 직업인으로서 사춘기를 호되게 겪었던 거지요.

그래서 시작하게 된 공부가 미술치료였습니다. 방송이나 학부

전공과 선혀 나른 분야를 배우겠다고 하자 다들 "왜?"리고 물었습니다. "사람들의 마음을 만지는 공부를 하고 싶어. 방송이라는 게 다 사람 공부잖아." 처음에는 그런 정도로 답했는데, 공부를 하면서 왜 그토록 마음에 관심이 갔는지 깨달았습니다. 저는 언제나 '말'을 통해 사람들과 소통해왔지만 인생에는 말로 할 수 없는 이야기가 더 많지요. 말은 직선적이라 듣는 이에게 상처를 줄 수도 있고 오해를 살 수도 있습니다. 말의 벽에 부딪칠 때 마음을 그림으로 표현하면 분노나 적대감을 한 번 거를 수 있고, 포장하지 않은 날것의 감정을 보여줄 수도 있습니다. 미술치료를 공부하며 그림으로 많은 이들의 상처를 보았고, 제 마음도 들여다보게 되었습니다. 방송은 불특정 다수와의 소통이지만 상담은 일대일의 만남이라 내밀한 대화를 나눌 수 있었지요. 그러면서 사람에 대한 이해의 폭이 넓어지게 되었습니다.

그리고 저는 다시 '말하기'로 돌아왔습니다. 말에는 한계도 있지만 무한한 가능성이 있음 또한 사실입니다. 제가 평생 해온 '말하기'로 '소통'하는 구체적인 방법을 모색하다가 코칭을 시작했습니다. 스피치를 가르치는 사람으로 변화를 맞이한 건 그때부터였습니다. 먼저 상대에게 질문이 많아졌습니다. 예전에는 별 뜻 없이 문제점을 지적하고 교정해주었는데, 왜 그런 말 습관을 반복하는지 생각하게 되었습니다. 무엇보다 개성과 장점에 먼저 주목하게 되었습니다. 그 사람이 잘할 수 있는 것으로 방향을 잡아야 하거든요. 그렇게 저의 스피치 수업은 주입식 교육이 아닌 대화와 참여 속에서 이루어져 갔습니다.

나만이 할 수 있는 설교

목사님이 설교 스피치를 배우고자 한다면 저는 코칭을 적극 권합니다. 몇몇 아나운서들이 목회자 스피치 과정을 하고 있지만 큰 효과를 거두지 못하는 까닭은 후배를 교육하는 틀에 맞추어 가르치기 때문인 듯합니다. 목사님이 못 따라오시는 건 당연하지요. 물론 설교도 연단 스피치의 하나이고 목사님도 연사이기는 하지만 아나운서, 성우, 전문 MC나 강사와는 접근법이 달라야 합니다. 목회자 스피치는 말의 형식보다는 내용에 더 집중해야 합니다. 일반 스피치와 다른 특성을 가려내고 목회자라는 화자의 정체성에 주목해야 합니다. 이런 이해가 없으면 설교 스피치에 접근하는 것 자체가 어렵습니다.

스피치 코칭의 또 다른 장점은 개별적인 접근이 가능하다는 것입니다. 커리큘럼에 맞춰 일괄 진행되는 일반 스피치 교육과 달리 개개인의 특성에 맞추어 본인의 목표를 이루도록 안내합니다. 스피치 코칭은 '자신만의 100점'을 찾는 것입니다. 내가 그리는 이상적인 모습은 내가 찾아낸 답이어야 의미가 있습니다. 백 명을 코칭하면 백 가지 답이 모두 달라야 합니다. 쌍꺼풀이 있고, 코가 오뚝해야 미인이라고 해서 모두 똑같이 성형한다면 얼마나 이상할까요? 성형외과가 많은 강남에 가면 3초마다 비슷한 얼굴의 미인들이 보인다는데 우스갯소리로 '강남 미인'이라고 하더라고요. 최고 미인으로 손꼽히는 여배우들의 눈, 코, 입을 한 부분씩 따서 합성한 사진을 보면 부자연스러워 보입니다.

스피치 배우기를 일컬어 '말을 성형한다'라고도 합니다. 잘못된 습관 등을 고친다는 점에서 일견 맞는 것도 같습니다. 하지만 코칭은 말하기의 정석을 주입하는 일이 아닙니다. 각자 개성대로 최선의 방법을 찾고 나다운 화법으로 말할 수 있게 돕는 일입니다. 그 여정은 즐거워야 합니다. 먼저 내 안에 감추어진 원석을 발견하고 어떤 모양으로 깎을지 구상해야 자신을 다듬는 고된 과정도 즐거울 수 있습니다.

오직 나만이 할 수 있는 설교가 있습니다. 나의 목소리도, 발음도, 성량도 하나님께서 나만을 위해 손수 지으신 최고의 원석이라고 자신감을 가져도 좋습니다. 하지만 아직 어디까지나 원석입니다! 조금씩 다듬어져야겠지요. 지금 나 자신을 커다란 원석 앞에 서 있는 조각가라고 생각해봅시다. 원석의 재질을 파악하듯 나의 장단점과 특징을 알아봅니다. 그래야 무슨 작품을 만들지 구체적으로 그릴 수 있습니다. 그런 뒤에 망치와 정을 들고 깎고 다듬으며 원하는 모습을 만들어갑니다.

목표 세우기

'나'라는 원석이 얼마나 근사한지 확인했으니 목표를 정할 차례입니다. 미용실에 가서 거울 앞에 앉아 있다고 생각해볼까요? 미용사가 묻습니다. "어떤 스타일로 해드릴까요?" 그럴 때 내가 원하는 게 정확히 뭔지 몰라 미용사에게 "알아서 잘해주세요"라고 그냥 맡긴 적이 있을 것입니다. 매번 만족하셨는지요? 전문가답게 알아서 잘해줄 경우도 있지만 엉뚱한 모양이 나올 경우도 있습니다. 나는 마음에 안 들어 속상한데 미용사는 "너무 잘 어울리세요"라고 합니다! 멋있다는 기준이 사람마다 다르고 '잘'이라는 말은 모호하지요. 전문가와 상의를 하더라도 내가 기본적으로 추구하는 스타일이 어느 정도 있어야 합니다. 유행하는 스타일이지만 나한테 안 어울리면 소용없습니다.

물론 전문가는 나보다 더 많은 문제점을 볼 수 있고, 진단과 처방을 해준다면 쉽게 길을 찾을 수도 있겠지만, 그런 답은 쉽게 잊어버리기 마련입니다. 설교 코칭을 통해 어떻게 변화하고 싶은지 목적이 명확해야 합니다. 막연히 '스피치를 잘하고 싶어서'라고 출발하면 배우는 이는 물론 코치도 방황할 수 있습니다. 먼저 목적지를 정해야 합니다. 무엇을, 어떻게, 왜 잘하고 싶은지, 무엇을 고치고 싶은지, 어느 수준이면 만족할 수 있을지 구체적인 모습을 그리도록 코치와 이야기를 충분히 나누어야 합니다. 코칭은 앉아서 그냥 방법을 배우는 게 아닙니다. 참여하고 깨달는 과정입니다. 코치이는 질문을 받고 고민하며 본인의 해답을 찾아갑니다. 그러면 본인의 집중력부터 달라집니다. 여기서 질문 하나 드리겠습니다.

"설교 코칭을 통해 어떤 목표를 이루고 싶으신가요?"

우리는 아이들에게 학업이나 진로와 관련해 종종 "목표가 뭐니?"라고 묻습니다. 그런데 사실 이 질문은 어른들에게도 막연한 것 같습니다. 방안을 세우고 당장 실천하지 않으면 목표는 늘 추상적이고 모호한 무엇이거든요. 설교 코칭의 목표는 내가 원하는 이상적인 설교자의 모습입니다. 목표가 잘 떠오르지 않는다면 롤모델로 삼고 싶은 목사님들을 참고해보세요. 어떤 목사님은 단문을 잘 구사하며 전달력이 좋고, 또 어떤 분은 지적이고 논리적인 설교를 합니다. 뜨겁고 열정적인 분위기로 설교하는 분도 있지요. 메시지나 전달방식에서 자신의 성향과 비슷한 목사님을 떠올려보면 목표 세우기가 조금 수월해질 것입니다.

자신의 단점을 생각해봐도 목표는 분명해집니다. 설교 코칭을 하면서 만났던 A목사님은 말씀을 전하며 원고에 너무 얽매이게 된다고 하셨습니다. 정성껏 준비한 터라 한 줄이라도 놓칠까 싶어 읽는 데만 신경을 쓰다 보면 성도들의 반응을 살필 수가 없다고 하셨습니다. 여유가 없다 보니 중간중간 포즈를 두지 못한다고도 하셨습니다. 스스로 느끼는 부족한 점들을 하나둘 꺼내놓던 목사님은 목표를 '소통하는 설교자'라고 정했습니다. 목표를 무엇으로 할지 윤곽을 잡았다면 펜을 들어보세요. 이제 구체적으로 목표를 세워봅시다.

목표관리 실행표 작성하기

코칭 첫날에는 목표관리 실행표를 드립니다. 먼저 대목표를 씁니다. 이것은 '어떤 설교자가 되고 싶은지, 어떻게 설교하고 싶은지'를 말합니다. 다음은 대목표를 이루기 위한 실행목표, 다시 말해 소목표를 씁니다.

대목표	
실행목표	

빈칸이 막연해 보여 한두 줄만 적고 더 쓰지 못한다면 숨을 한번 돌려보세요. 아직 생각이 떠오르지 않았을 뿐입니다. 이렇게 고민하는 자체가 의미가 있습니다. 코칭을 하면서 생각이 바뀌고 목표는 더 구체적으로 변하지요. 처음부터 완벽히 작성하지 않아도 좋습니다. 다만 본인이 원하는 것을 솔직하게 쓰기 바랍니다. 생각나는 만큼 쓰되 끝까지 칸을 채워봅시다.

실행목표는 대목표를 이루기 위해 어떻게 실천하면 좋을지, 스피치 측면에서 정해야 합니다. 그래야 모니터할 때 그 포인트에서 접근할 수 있습니다.

제가 코칭했던 B목사님은 목표관리 실행표를 다음과 같이 작성하셨습니다.

대목표	생명을 살리는 설교자.
실행목표	1. 하나님의 영이 함께 하심을 설교한다.
	2. 청중에게 희망을 심어주는 설교를 한다.
	3. 청중을 하나님의 군대처럼 일으켜 세운다.
	4. 잠자는 영혼을 깨우고 일어나게 한다.
	5. 한 번만 설교를 들어도 심장이 뛰게 한다.

'생명을 살리는 설교자'라는 말이 다소 추상적이지만 대목표는 설교자로서의 상을 그리는 것이므로 일단 그냥 두었습니다. 그런데 실행목표는 구체적인 실천방안이라기보다 대목표를 설명해주는 일련의 표현들이었습니다.

대부분의 목사님들이 목표를 쓰는 데 고민합니다. 설교를 잘하고 싶지만 어떻게 할지 그려볼 기회가 없었기 때문입니다. 다른 목사님 설교를 들으면서도 배울 점만 참고하는 선에서 그치지요. 나는 B목사님께 질문했습니다. "설교를 잘한다는 기준은 무엇인가요?" 목사님은 평소 생각한 대로 막힘 없이 답했습니다. "첫째는 은혜를 통해 공감을 주는 설교이고요, 둘째는 전달력이 뛰어난 설교라고 생각합니다. 성도들의 눈높이에 맞추어 본문 내용을 쉽게 이해할 수 있어야 좋은 설교지요. 마지막으로 새로운 시각을 열어주는 설교입니다. 자신만의 편협한 시각에서 벗어나 열린 눈으로 삶의 문제에 접근하게 도와주어야 잘하는 설교지요. 성도들이 타인과 소통할 수 있도록 도와주는 설교를 하고 싶습니다."

답변 속에는 목표관리 실행표에 적은 것보다 훨씬 더 구체적인 내용이 담겨 있었습니다. 백지 앞에서 생각을 짜내기보다 대화를 나누다 보면 원하는 설교자의 모습과 목표들을 정리할 수 있게 됩니다. 목사님은 대목표와 실행목표를 다시 정리했습니다.

대목표	생명을 살리는 설교자.
실행목표	공감, 전달, 소통.

성도들이 '공감'하고 서로 '소통'하는 '생명력' 있는 말씀. 그 말씀을 잘 '전달'할 수 있도록 코칭 과정에서 우리는 이 세 가지 키워드에 집중하기로 했습니다. 이렇게 정한 목표에 대해 좀 더 세부적인 실천방안을 세우고 수정해가도록 우리는 더 이야기를 나누었습니다.

NOTE 오늘의 할 일

목표 세우기

목사님의 대목표와 실행목표는 무엇인가요? 내 설교의 장단점, 내가 모범으로 삼는 선배 목사님의 설교 특징, 성도들의 반응, 개선할 점 등을 종합적으로 고려하여 아래의 목표관리 실행표를 작성해보세요.

대목표	
실행목표	

2

말씀으로 소통하셨습니까?

설교는 일반 강연과 다르지요. 설교 스피치라니, 말재주를 배우는 거 아닌가요?

 설교는 말씀이자 말입니다. 매주 말씀을 듣는 사람들은 성도이자 청중입니다. 설교 코칭은 말하는 기교나 요령을 배우는 게 아닙니다. 말을 단순히 전달의 수단이 아니라 소통의 수단으로 보기 때문이지요. 설교 코칭은 내가 어떻게 말을 하느냐가 아닌, 상대에게 어떻게 들리는지 커뮤니케이션의 관점에서 접근합니다. '말'을 잘 사용하여 성도들과 '말씀' 안에서 소통하기 위하여 설교를 재구성하는 과정입니다.

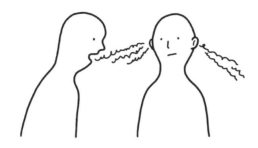

말이 통하는 사람

"저 사람하고는 말이 안 통해." 주변에서 우리가 자주 듣는 말입니다. 그런데 정작 그 말을 하는 사람을 향해 누군가 이렇게 말할지도 모릅니다. "저 사람하고는 말이 안 통해."

누구나 마음이 통하고 말이 통하는 사람을 만나고 싶어합니다. 그런데 그것이 왜 어려울까요? 메일과 문자, 각종 SNS까지 타인과의 연결 수단은 다양해졌지만 그만큼 소통이 잘된다고 볼수는 없습니다. 내가 하는 말에만 집중하지 상대의 말에 관심이 없기 때문이고, 상대에게 내 말이 어떻게 들리는지 고려하지 않기 때문입니다.

우리가 하는 말들을 돌아볼까요? 안부나 잡담처럼 흘려보낸 말도 있고, 발표, 토론, 강의처럼 목적을 두고 한 발언도 있습니다. 목사님은 회의도 하고 상담도 하고 무엇보다 설교를 하셨겠지요. 여기서 지난주 설교를 좀 더 깊이 생각해볼까요. 준비한 만큼 잘 전달이 되었나요? 성도들의 반응은 어떠했나요? 소통했다는 느낌이 드시는지요?

설교에 '스피치'나 '코칭'이라는 말이 따라오는 것을 좋지 않게 보시는 목사님들도 있습니다. 일면 수긍이 됩니다. 지금의 스피치 교육이 기교나 요령 습득에 치우쳐 있기 때문입니다. 정확하게 발음하고 좋은 목소리를 내며 감정을 생생하게 불어넣는 '방법'을 주로 가르치고 있습니다. 여기에는 스피치의 중요한 한 축인 듣는 이에 대한 이해가 없습니다. 먼저 누구에게, 어떤 말을, 왜 해야 하는지 질문하고, 그다음에 방법을 고민해야 합니다.

이 책에서는 듣는 이와의 소통을 전제로 스피치의 내용과 전달방법에 대해 균형 있게 접근하려고 하니 우려는 절반쯤 내려놓으셔도 좋겠습니다. 물론 설교는 일반 강연과 다르지만 그렇더라도 먼저 공통점을 찾아보면 설교의 정체성이 더욱 분명해질 것입니다. 스피치는 청중 앞에서 자신의 의견이나 생각을 주장하는 것입니다. 그런 면에서 설교 역시 스피치의 한 영역입니다. 설교도 강의처럼 많은 이들을 동시에 설득하는 말하기죠. 여기에는 절대적으로 '소통'이 필요합니다.

말을 전달의 수단이 아니라 소통의 수단으로 본다면 스피치를 배우려는 목적이 달라집니다. 내가 어떻게 말을 하느냐가 아니라, 상대방에게 어떻게 들리는지 커뮤니케이션의 관점에서 접근해야 하지요. 내가 아무리 열성을 다해도 듣는 이가 받아들이지 못하는 방식으로 전한다면 실패한 스피치입니다. 대개 사람들은 자신이 하는 말에만 관심이 있습니다. 내 이야기가 어떤지, 왜 중요한지, 무슨 의미인지 본인 편에서만 생각합니다. 그렇다면 듣는 이의 입장으로 가보겠습니다. 내 이야기는 듣는 이가 이해하기 쉬울까요? 공감할 수 있는 주제인가요? 듣고 난 뒤에 어떤 감정을 불러일으킬까요?

성도들은 설교를 들으며 하나님의 뜻을 새기고 받은 은혜를 함께 나눕니다. 어떤 말을 하는가? 누구에게 하는가? 어떤 상황에서 하는가? 왜 하는가? 이런 질문을 전제하지 않는 스피치는 내용물보다 포장에 더 신경 쓴 선물과도 같습니다. 선물에는 정성이 담겨 있어야 합니다. 값비싼 물건이 좋은 게 아니라 상대방에게 무엇이 필요한지 헤아리는 마음이 있어야 하지요. 상대방의 취향이나 상황을 고려하지 않고 내 마음대로 고르면 정작 받는 사람은 선물처럼 느끼지 않을 수 있습니다. 물론 포장도 중요합니다. 상자에 담을지 쇼핑백에 넣을지 세심하게 준비하면 받는 기쁨도 더합니다. 그런데 포장이 근사해서 기대했다가 막상 열어보고 별 게 아니어서 실망한 적이 있지요? 과도한 포장은 오히려 선물을 볼품없게 할 수도 있습니다.

스피치도 그렇습니다. 매끈하지만 내용 없는 말보다 투박해도 진심 어린 말에 더 감동을 받습니다. 그렇다고 일부러 투박하게 전달할 필요는 없겠지요. 가장 좋은 방법은 정성이 담긴 선물을 적절하게 포장해서 건네는 것입니다. 스피치 역시 내용과 형식이 균형을 이루어야 합니다. 진심을 담아서 듣는 이가 쉽게 이해할 수 있도록 말해야 합니다.

중간자의 역할

설교는 영적인 언어라 잘 짜인 논증만으로 듣는 이를 감화시킬 수 없습니다. 하지만 감성적인 영성이나 영적 체험을 지나치게 강조한다면 신앙에 균형을 잃게 됩니다. 그래서 설교는 일반 스피치의 영역에서 다루기 어려운 분야입니다. 사람의 생각을 전하는 강연과 달리 설교에는 하나님의 메시지가 담겨 있기 때문에, 일반 스피치의 기술로 접근하면 자칫 본질을 놓칠 수 있습니다. 하나님과 목회자 사이의 소통, 목회자와 성도 사이의 소통이 원활히 이루어지도록 하는 데 목적을 두어야 합니다. 이렇듯 소통의 관점에서 설교를 바라보면 작은 변화들이 일어납니다. 성도에게 잘 들리려면 메시지를 어떻게 구성할지, 어떤 방식으로 전달해야 할지 고민하게 됩니다. 말씀을 흘려보내 성도들에게 잘 도착하게 하는 메신저로서 설교자의 정체성을 생각하게 됩니다.

'줄줄이 말해요'라는 게임이 있습니다. 말이 아닌 몸동작으로 어떤 단어를 표현하고 전달해서 맞히는 게임이지요. 첫 주자만 답을 볼 수 있고 나머지는 다 뒤돌아 서 있습니다. 첫 번째 사람은 어떤 단어를 보고 다음 사람에게 몸짓으로 설명합니다. 뒤에 있던 사람은 순서가 되면 돌아서서 앞 사람의 설명을 보지요. 그리고 자신이 파악한 대로 다음 사람에게 설명합니다. 원래의 단어가 점점 변하며 엉뚱하게 흘러가는 것이 이 게임의 웃음 지점이지요. 그 쉬운 답을 맞히지 못해 손짓 발짓 해가며 쩔쩔맵니다. 첫 주자가 아무리 설명을 잘해도 중간 전달자가 잘못 이해하면 마지막 주자는 전혀 이상한 답을 내놓게 됩니다.

이 게임을 보면 중간 전달자가 메시지를 정확히 이해하는 것이 얼마나 중요한지 알게 됩니다. 방송에서 진행자는 중간에 있는 존재와 같습니다. 인터뷰의 예를 들어볼까요? 시청자는 진행자가 초대 손님과 이야기하는 장면만 보지만 스튜디오 뒤에는 제작진들이 함께 있습니다. 진행자는 사전에 제작진과 논의하며 왜 그를 초대 손님으로 불렀는지, 시청자들에게 무슨 이야기를 하고 싶은지 파악합니다. 그래야 그 포인트에 맞춰 인터뷰를 이끌어갈 수 있지요. 진행자의 역량에 따라 메시지는 스며들기도 하고 겉돌기도 합니다. 아나운서가 제작진과 시청자 사이에 있다면 목사님은 하나님과 성도들 사이에 있습니다. 성도는 설교를 통해 하나님의 말씀을 듣습니다. 목사님은 말씀을 해석하는 주체이기도 하지만 복음의 대언자, 중간자라고 할 수 있습니다.

다시 말해 하나님의 메시지가 무엇인지 정확히 이해하고, 온전히 전달될 수 있도록 중간에서 그 역할을 잘해내야 합니다.

"은혜 받았습니다"라는 말

중간자는 바꾸어 말하면 '축복의 통로'가 되어야 합니다. 목사님은 설교를 통해 성도들이 하나님께 돌아오고, 친밀한 관계를 맺을 수 있도록 인도합니다. 그런데 그 길이 막혀 있다면 어떨까요? 하나님도 답답하고 성도들도 마찬가지일 것입니다. 통로를 열어야 합니다. 원인을 찾아서 장애물을 걷어내야 합니다. 그런데 어디가 막혀 있는지 찾아내기가 의외로 어렵습니다. 설교에 대해 피드백을 받으면 좋을 텐데 성도들은 사실상 목사님께 그런 의견을 말하기 어렵습니다. 담임목사님의 설교에 청진기를 대듯이 진단하고 솔직한 소견을 낼 수 있는 용감한(?) 성도가 얼마나 될까요? 예배가 끝나면 교인들은 목사님과 목례와 악수를 하며 이런 말을 하곤 합니다.

"은혜 받았습니다."

목사님이 성도들에게 받는 피드백은 아마 그 말이 전부라고 해도 과언이 아닐 겁니다. 목사님을 따로 찾아가 설교에 대해 말씀드린다는 건 아예 생각도 못 합니다. 말씀을 대언하는 제사장의 권위에 반하는 행동은 아닌지, 개인 감정이 섞인 건 아닌지

주저하게 되지요. 무엇보다 설교 피드백이 자칫 평가처럼 들려 목사님과 어색한 사이가 될까 염려합니다.

요즘 TV와 유튜브를 보면 수많은 설교들이 실시간으로 업로드되고 있습니다. 다른 교회 목사님들의 설교를 들을 기회는 얼마든지 있습니다. 그런데 인터넷 설교는 이런저런 평가를 할 수 있겠지만 담임목사님에 대해서는 그렇게 할 수가 없지요. 성도들에게 담임목사님의 말씀은 강단의 설교가 전부는 아닙니다. 목사님이 평소에 보여주는 삶의 태도와 모습에서도 메시지를 깨닫게 됩니다. 목사님과 일상 속에서 함께 웃고 울고 아파하고 위로하던 순간들이 모두 설교에 연결이 됩니다. 성도들은 담임목사님의 설교를 대형교회 목사님의 설교와 단순히 비교하지 않습니다. 논리정연하지 않아도, 세련된 표현이 아니어도 '우리 목사님'과 삶을 나누는 말씀이기에 성도들은 기꺼이 듣습니다. 그래서 더욱 살펴야 할 부분이 있습니다. 성도들은 목사님의 좋지 않은 말 습관이나 몸동작에 익숙해진다는 사실입니다. 목사님 역시 자신의 설교에서 어떤 점이 부족한지 무감해지기 쉽습니다.

목사님들께 설교에 대한 반응을 어떻게 확인하느냐고 물었더니 많은 분들이 이렇게 대답했습니다. "강단에 섰을 때 그 자리에서 바로 느낄 수 있어요." 그런데 이 대답은 생각해볼 여지가 있습니다. 반응을 판단하는 기준은 무엇인가요? 설교를 듣는 성도들의 모습에 그저 익숙해지신 건 아닌지요? 최근 누군가에게 직접 설교 피드백을 받으신 적이 있나요? 설교 사역을 두고 진솔하게 대화하는 사람이 있으신지요?

교인들이 목사님께 의견을 전할 수 없는 현실이다 보니 솔직한 피드백은 목사님과 가장 가까운 배우자의 몫이 되곤 합니다. 하지만 인상 비평에 그치기 쉽고 가족이라는 관계상 객관적인 의견으로 받아들이지 못할 때가 많습니다. '말이 빠르다, 호흡이 급하다, 소리를 괜히 높인다, 발음이 불분명하다, 제스처가 많다' 이렇게 소소한 지적사항을 들으면 기분만 상하고, 감정이 앞서다 보면 발전적인 모니터가 될 수 없습니다. 가족이 정확한 의견을 주기 어려운 이유가 여기에 있습니다. 어떤 목사님의 배우자는 이런 말을 해주었습니다.

"설교 피드백은 배우자의 사역이라고 생각합니다. 예전에 피드백을 해주다가 몇 번 크게 다툰 적이 있어요. 가까운 사람에게 격려 받고 싶어하는 남편의 마음을 알지만, 성도들이 못해주는 부분이라고 생각해서 나름대로 책임감을 가지고 남편의 기분과 상황을 보면서 계속 피드백을 했어요. 배우자의 말을 전적으로 듣는 목사님들은 많지 않을 거예요. 그래도 지혜로운 조언은 서서히 바뀌게 하더라고요. 이제 우리 부부는 주일 저녁마다 그날 설교에 대해 대화를 하죠. 내용이 어땠는지, 성도들의 반응은 어땠는지, 잘 전달되었는지…. 예배가 끝나고 성도들이 '은혜 받았다'고 하는 말은 곧 '수고하셨습니다'라는 말이 아닐까요. 물론 성도들이 진심으로 은혜를 받아서 하는 말일 수도 있지만, 은혜받은 것은 성도들의 변화된 삶을 통해서 확인할 수 있습니다."

자신을 냉정하게 평가하기는 쉽지 않습니다. 목사님들은 자주 이렇게 말씀하십니다. "다른 목사님들 설교를 볼 때는 문제점을 곧잘 짚어내는데 정작 내가 한 설교는 뭔가 이상하지만 정확한 이유를 모르겠어요." 자신의 말투나 화법에 익숙하기 때문입니다. 더듬이가 무뎌지는 것 같다고 할까요? 저 역시 제가 한 방송의 문제점이 나중에야 제대로 보이고 들렸습니다. 이처럼 자기 객관화는 어렵지만 좋은 커뮤니케이터가 되는 정도임은 틀림이 없습니다.

설교는 목사님 개인의 스피치가 아니라 하나님과 성도가 소통하는 커뮤니케이션이라는 측면에서 접근해야 합니다. 설교라는 축복의 통로에 놓인 장애물을 없애는 일로 본다면 피드백을 주는 사람도, 받는 사람도 부담을 덜 수 있습니다. 하나님과 성도 사이를 연결하는 목회자의 역할을 깊이 이해할 때 적절하고 진지한 피드백, 유익한 대화가 오갈 수 있습니다.

설교 피드백 받기

열린 마음으로 설교 피드백을 받아보세요. 정확한 진단을 내려야 고칠 방법도 찾을 수 있습니다. 모니터할 때는 철저히 성도들의 입장에서 살펴보시기 바랍니다.

● 모니터해줄 사람 찾기

사실 설교 모니터는 해주는 것도 받는 것도 어려운 일입니다. 해주는 사람은 부담스러운 마음에 솔직하기가 어렵고, 받는 사람은 위축되고 방어적이기가 쉽습니다. 그렇더라도 설교의 변화가 꼭 필요하다면 목사님이 용기를 내어 먼저 자리를 마련하는 것이 좋습니다. "제 설교를 좀 모니터해주세요. 요즘 이런 부분에 신경을 쓰고 있는데 잘 안 되네요." 이렇게 적극적이고 구체적으로 물어보아야 냉정하게(?) 의견을 말할 수 있습니다. 그래서 피드백은 목사님과 신뢰가 깊고, 설교가 나아지기를 진심으로 바라는 사람이 해주어야 합니다. 그렇게 목사님을 지지해주는 사람이 있다면 정말 행운이겠지요.

● 스스로 진단하기

모니터해줄 사람을 찾기 어렵다면 녹음이나 받아적기를 하며 스스로 진단해보는 것도 좋은 방법입니다. 그것은 자신의 설교를 다양한 방법으로 다시 접해보는 일입니다. 설교를 객관적으로 꼼꼼히 다시 검토함으로써 거슬리거나 고쳐야 할 부분을 충분히 찾아낼 수 있습니다.

① 녹음(녹화)하기

설교를 녹음하거나 녹화해보세요. 목소리의 높낮이를 잘 조절하는지, '사실' '그러니까' 같은 불필요한 말을 반복하는지, 거슬리는 몸동작을 자주 하는지, 어떤 때에 말을 더듬는지 관찰해보시기 바랍니다.

② 받아적기

설교 도입부 15분 정도를 자판으로 쳐서 글로 옮겨보세요. 녹음(녹화)하는 것보다 더 세밀하게 잘못된 말 습관을 파악할 수 있습니다. 설교문을 작성할 때 핵심 내용을 선별하는 데도 도움이 됩니다.

③ 메모하기

설교를 들으며 열심히 메모하는 신실한 성도들이 많습니다. 이와 같이 목사님도 자신의 설교를 메모하며 들어보세요. 내용의 구성, 핵심 키워드, 주제문을 적으며 지난주 준비했던 설교안과 어느 정도 일치하는지 확인합니다.

3

잘 들리는 설교

얼마 전에 의외의 설교 피드백을 받았습니다. 내용은 좋은데 잘 안 들린다고 합니다. 저는 나름대로 발성도 괜찮고 성량 조절도 잘하고 있다고 생각합니다. 설교가 잘 안 들린다니 정확히 무슨 뜻일까요?

 막힘 없이 말했는데 울림을 주지 못했다면 스피치는 잘했지만 커뮤니케이션에는 실패했기 때문입니다. 관점의 전환이 필요합니다. 메시지와 전달방법을 커뮤니케이션의 관점에서 다시 생각해봐야 합니다.

말을 잘한다는 것

설교는 무엇보다 무슨 말인지 잘 알아들을 수 있어야 합니다. 말이 귀에 들려야 내용이 이해되고 마음까지 잘 전달이 됩니다. 그때 우리는 감정을 공유하고 은혜 받았다고 합니다. '잘 들리는 말'이라야 '잘 통하는 말'이 될 가능성이 커지지요. 그런데 많은 사람들이 이 순서를 중요하게 여기지 않습니다. '잘 들리는 말'은 별로 고민하지 않고 '잘하는 말'에만 욕심을 냅니다. 내 말이 상대에게 잘 전달되도록, '잘 들리는 말'을 먼저 고민해야 합니다.

말을 잘한다는 것은 무슨 뜻일까요? 우리는 흔히 막힘없이 유창하게 이야기하면 언변이 좋은 사람으로 평가합니다. 하지만 청산유수처럼 말해도 내용이 없으면 공허하죠. 말이 많은 것과 말을 잘하는 것은 다릅니다. 정확한 내용을 적절한 어휘로 적재적소에 담아 듣는 이의 눈높이에 맞추어 전달하는 것. 이 요건을 두루 충족시켜야 합니다.

성경에도 말에 대해 성찰할 수 있는 구절들이 나옵니다. "내가 사람의 방언과 천사의 말을 할지라도 사랑이 없으면 소리 나는 구리와 울리는 꽹과리가 되고"(고린도전서 13:1)라는 말씀은 진심이 담기지 않은 말은 허울뿐임을 생각하게 하고요. "사랑하는 형제들아 너희가 알지니 사람마다 듣기는 속히 하고 말하기는 더디 하며 성내기도 더디 하라"(야고보서 1:19)는 말씀에서는 입보다 귀를 열어놓아야 한다는 경청의 중요성을 깨닫게 됩니다. "때에 맞는 말이 얼마나 아름다운고"(잠언 15:23), "잠잠할 때가 있고 말할 때가 있으며"(전도서 3:7)에서는 상황과 대상에 맞는 '적절한' 말하기를 묵상하게 됩니다.

시대에 따라서 말에 대한 개념이 바뀌어 갑니다. 예전에는 말로 인격을 드러냈다면 요즘은 말을 통해 정보력과 커뮤니케이션 능력을 보여줍니다. 말을 잘하는 사람이 유능하고 인정받는 세상이 되었지요. 다른 사람과 협업하기 위해서는 소통하는 법을 배워야 합니다.

말을 잘한다는 기준은 무엇일까요? 위스콘신 대학교 커뮤니케이션 학과의 임태섭 교수는 저서 『스피치 커뮤니케이션』에서 좋은 스피치의 다섯 가지 조건을 진실성, 명쾌함, 간결함, 자연스러움, 적절함이라고 말합니다. 조금 풀어서 살펴볼까요?

- 태도는 진실하게
- 내용은 명쾌하게
- 말의 길이는 간결하게
- 전달은 자연스럽게
- 상황에 따라 적절하게

저는 여기서 다섯 번째 '적절함'을 강조하고 싶습니다. 적절한 때에, 적절한 상대에게, 적절한 표현으로 말해야 합니다. 어떤 상황에서, 누구에게, 어떤 목적으로 하는 말인가에 따라 내용과 길이, 표현 방법이 달라져야 합니다.

대중강연가 김미경은 저서 『아트 스피치』에서 '자기소개'를 들어 적절하게 말하는 방법을 안내하고 있습니다. 누구나 자신을 나타내는 상자 열 개 정도는 가지고 있는데, 상황에 맞춰 그 상자를 열라고 말합니다. "자기소개는 단순히 내가 누구인지 밝히는 게 아니라 모임 성격에 맞는 자기소개 한 상자를 선물함으로써 서로 소통하게 하는 물꼬라 할 수 있다."

처음 만나는 자리에서 돌아가며 자기소개를 하는 일은 어색하기만 합니다. 정리도 안 된 상태에서 순서가 오면 쭈뼛쭈뼛 일어납니다. "저는 ○○○입니다. 나이는 ○○살. 사는 곳은 ○○입니다. 결혼했고요. 아들딸 둘을 키우고 있습니다. 만나서 반갑습니다." 이렇게 말하고 서둘러 자리에 앉습니다. 이름, 나이, 가족,

거주지 정도로 나에 대해 무엇을 알릴 수 있을까요?

우리는 여러 호칭을 가지고 그에 맞는 역할을 합니다. 저 역시 아나운서, 코치, 아내, 엄마, 딸, 며느리, 동생, 언니, 선배, 후배 등등의 이름으로 살고 있습니다. 각각의 역할마다 이야기 상자가 있다고 상상해보세요. 그중 지금 내 앞에 있는 사람들과 나누어야 할 이야기 상자를 골라봅니다. 강의실이라면 저는 '아나운서'와 '코치'라는 상자를 열어 청중과 나누겠지요. 거기서 내가 누구의 엄마이며 아내인지는 중요한 정보가 아닙니다.

교회에서도 자기소개를 할 때가 있습니다. 예를 들어 새로 나온 성도가 부서 모임에 처음 참석하는 날, 그 사람을 위해서 돌아가며 자기소개를 하겠지요. 이때도 적절함의 기준이 적용됩니다. 교회 모임이니 '성도'라는 상자를 열어야겠지요. 만일 내가 그 자리에서 "저는 아나운서이며 코치로 활동하고 있습니다"라고 한다면 '저 사람은 회사 이야기를 왜 여기서 할까'라며 의아하게 쳐다볼 겁니다. 처음 교회에 나오게 된 계기, 부서에서 어떤 역할을 하는지 정도를 소개하면 충분합니다. 자기소개도 스피치의 기준을 알고 나면 간단히 정리되지요? 다른 스피치도 그렇습니다. 상황을 파악하고 나의 여러 상자 가운데 하나를 골라 중심을 잡고 소통하면 됩니다. 어떤 이야기를 해야 할지 고민이 된다면 방금 말한 좋은 스피치의 다섯 가지 조건을 참조하세요.

설교는 커뮤니케이션이다

메시지를 성도들에게 잘 전하기 위해서는 커뮤니케이션의 기본 개념을 이해해야 합니다. '스피치'(화법)와 '커뮤니케이션'을 뭉뚱그려 모호하게 사용하는 경우가 많은데, 『민족대백과사전』에는 다음과 같이 정의하고 있습니다.

화법: 흔히 스피치speech라고 한다. 스피치는 말하는 사람이 자신의 의견이나 주장을 청중에게 가장 정확하게, 가장 효과적으로 전달하는 데 그 목적이 있다.

커뮤니케이션: 사람들끼리 생각과 느낌 따위의 정보를 서로 주고받는 일. 말이나 글, 그 밖의 소리, 표정, 몸짓 따위로 이루어진다. 의사소통 또는 의사전달로 순화.

좀 더 명확하게 구분해볼까요? 둘 다 말로 소통한다는 뜻이지만 어감이 다르지요. 통상 스피치는 '화법'으로, 커뮤니케이션은 '의사소통' 정도로 번역되는데 외래어 그대로 쓸 때가 더 많고 의미를 구분하지 않고 혼용해서 쓰는 경우도 많습니다. 하지만 맥락상 스피치는 말하는 사람에게 방점을 두고 있습니다. 반면 커뮤니케이션은 말하는 사람과 듣는 사람의 소통이 강조됩니다. 화자가 또박또박 자기주장을 하면서 스피치는 잘했는데, 청자가

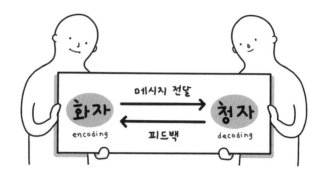

이해하기 어려운 방식으로 전달했다면 커뮤니케이션에는 실패한 것입니다. 마찬가지로 성도와 교감하지 않고 일방적인 말하기로 설교가 끝났다면 스피치는 했지만 커뮤니케이션에는 실패했다고 볼 수 있습니다. 이처럼 애써 준비한 말씀이 성도들의 마음에 가 닿지 않는다면 안타까운 일이지요. 그러므로 설교의 메시지와 전달방법을 커뮤니케이션의 관점에서 생각할 필요가 있습니다. 성도들과 쌍방향 커뮤니케이션이 원활하게 이루어지려면 무엇을 고려해야 하는지 살펴보겠습니다.

커뮤니케이션에서는 소통과 전달이라는 키워드가 중요합니다. 말하는 사람이 '어떻게 표현하는가'를 넘어서, 듣는 사람에게 '어떻게 전달'되고 '소통을 이끌어내는가'까지가 커뮤니케이션 과정에 포함됩니다. 커뮤니케이션의 어원은 코뮤니스 communis로 공통 또는 공유라는 뜻이 있습니다. 공동체를 뜻하는

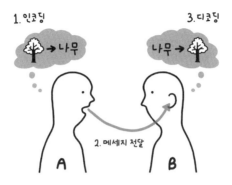

1. 인코딩

3. 디코딩

나무 → 나무

나무 → 나무

2. 메세지 전달

A

B

커뮤니티community 역시 같은 어원에서 파생했습니다. 두 단어의 어원이 같다는 것은 커뮤니케이션의 의미를 좀 더 명확하게 알 수 있는 단서입니다. 커뮤니케이션한다는 것은 말하는 사람과 듣는 사람이 같은 정보를 공유한다는 뜻입니다.

외쪽 그림을 볼까요? 말하는 사람이 듣는 사람에게 메시지를 전달합니다. 듣는 사람은 말하는 사람에게 피드백을 줍니다. 일방적으로 말하고 끝나는 것이 아니라 말하는 사람에게서 시작된 흐름이 듣는 사람에게 갔다가 다시 말하는 사람에게로 돌아오는 것까지가 커뮤니케이션의 메시지 전달과정입니다.

'나무'라는 단어를 생각해보겠습니다. A가 B에게 나무라고 말합니다. 말하는 사람은 단어를 떠올리기에 앞서 나무의 이미지를 떠올립니다. 그리고 그 이미지를 표현하는 '나·무'라는 말을 입으로 꺼냅니다. 커뮤니케이션에서는 이 과정을 인코딩encoding

이라고 합니다. 상대는 나무라는 말을 듣고 나무의 이미지를 떠올리는데, 이를 디코딩decoding이라고 합니다. 이렇게 양쪽 두 사람의 머릿속에 똑같은 나무의 이미지가 공유될 때 커뮤니케이션이 이루어집니다. 나무라는 단어 하나를 전달하는데도 이런 세밀한 과정을 거치게 됩니다.

그런데 같은 말을 듣고도 다르게 해석할 때가 있습니다. 개념상 어려울 것 없어 보이지만 현실에서는 커뮤니케이션을 방해하는 잡음들이 많기 때문입니다. '사과'라는 단어를 들었습니다. 무엇을 떠올리셨나요? 먹는 사과를 떠올린 분이 가장 많을 것 같지만 모양은 제각각일 겁니다. 빨간 사과, 초록 사과, 나무에 열린 사과, 진열대에 쌓인 사과……애플사의 로고나 미안하다는 뜻의 사과를 생각한 사람도 있겠지요. '사과'라는 단어 하나를 듣고도 이렇게 다양한 '사과'를 떠올릴 수 있는데 복잡한 메시지가 전개될 때는 어떨까요?

여기 사랑에 빠진 남녀가 있습니다. 나란히 하트를 떠올리고 있는데 모양이 다르군요. 이렇게 방향이 조금만 달라져도 오해가 생길 소지가 있지요. 동상이몽입니다. 실제로 우리는 같은 말을 듣고도 달리 받아들이는 사람들을 수없이 목격합니다.

학창시절 미술 시간에 데칼코마니를 해본 적이 있을 겁니다. 도화지를 반으로 접어서 한쪽에 물감을 짜 모양을 그리고 꾹 눌

렀다 떼어내면 반대쪽에 그대로 묻어납니다. 방향은 다르지만 양쪽에 같은 모양의 그림이 생겨나지요. 커뮤니케이션의 이상적인 형태가 바로 이와 같을 것입니다. 말하는 사람이 그린 이미지와 듣는 사람이 받아들인 이미지가 데칼코마니 같다면 메시지를 공유하고 소통하는 데 완벽히 성공한 거지요. 이 일이 쉽지는 않겠지만 말하는 사람은 듣는 이가 자신과 비슷하게라도 그림을 그리기 바라며 최대한 이해하기 쉽게 말해야 합니다. 듣는 이 역시 경청하고 이해하려 노력해야겠고요.

농담처럼 이런 말을 하지요. "개떡같이 말해도 찰떡같이 알아들어라." 커뮤니케이션의 측면에서 보면 정말 황당한 요구입니다. 개떡을 말해서 개떡으로 알아듣기도 어려운데 개떡을 찰떡으로 알아들으라니요. 찰떡같이 알아듣기를 바란다면 찰떡처럼 말해야 합니다. 다르게 해석할 여지를 없애 커뮤니케이션의 성공률을 높이는 것이 말하는 사람이 해야 할 역할입니다. 그런데 강단에 서는 사람은 본인 위주로 생각합니다. 자신이 어떻게 표현했고, 메시지가 어떻게 해석될 수 있는지 고려하지 않고 소통이 잘 안 되는 것 같으면 상대를 탓합니다. 커뮤니케이션에 실패한 것을 자기 문제로 생각하는 사람은 그리 많지 않습니다. '지식의 저주'는 그런 확신에 허를 찌르는 개념입니다.

지식의 저주

강의 때마다 '노래 맞히기'라는 게임을 합니다. 규칙은 단순합니다. 앞에 나온 한 사람이 어떤 곡을 떠올리는데 노래는 부르지 않고 손뼉을 쳐서 박자만 알려줍니다. 4분의 4박자의 곡이라도 '짝 짝 짝 짝' 네 번을 규칙적으로 치는 게 아니고 그 노래의 악보대로 박자를 박수로 연주해줍니다. 박수 소리를 듣고 어떤 노래인지 청중들이 맞히는 것이지요. 게임 전 앞에 나와 있는 사람에게 누구나 알 만한 쉬운 곡을 쳐달라 하고 몇 사람 정도 맞힐지 예상해보라고 합니다. 많게는 절반 정도, 적어도 열에 두세 명은 맞힐 거라고 장담합니다. 과연 그런 결과가 나올까요?

이 게임은 1990년 미국 스탠퍼드 대학교의 심리학자 엘리자베스 뉴턴Elizabeth Newton이 했던 흥미로운 실험입니다. 뉴턴은 실험 참여자를 두드리는 사람tappers과 듣는 사람listeners 두 그룹으로 나누었습니다. 두드리는 사람은 음악 전문가로, 듣는 사람은 비전문가로 구성되었습니다. 한쪽에는 자신이 아는 음악들을 손가락으로 박자에 맞춰 두드리게 했고 다른 한쪽에게는 곡목을 맞히게 했습니다. 두드리는 사람들은 절반 정도가 알아맞힐 거라 예상했습니다. 하지만 결과는 판이했습니다. 제목을 맞힌 곡은 120곡 가운데 불과 3곡, 즉 정답률은 2.5퍼센트에 지나지 않았습니다. 당초 예상했던 50퍼센트에서 한참 벗어났습니다.

제가 강의하면서 이 게임을 했을 때도 마찬가지였습니다. 박수 치는 사람의 예상이 맞아떨어진 경우는 단 한 번도 없었습니다. 많아도 약 10퍼센트 정도가 곡을 맞히는 데 성공했습니다. 왜 이런 결과가 나올까요? 양쪽이 서로 다른 소리를 듣고 있기 때문입니다. 같은 박수 소리지만 해석할 수 있는 정보에는 차이가 있지요. 앞에 있는 사람은 머릿속으로 멜로디에 맞춘 박수 소리를 듣고 있지만 앉아 있는 사람들은 무미건조한 박수 소리만 듣고 있는 것입니다. 한쪽은 이렇게 쉬운 노래를 맞히지 못하고 있으니 답답하고, 또 한쪽은 자기 생각에 빠져 계속 박수만 치는 모습에 난감할 뿐이지요. 뉴턴은 이 실험을 통해 지식의 저주The Curse of Knowledge라는 개념을 정리했습니다. 이는 지식이 있는 사람이 자신이 몰랐을 때를 상상하지 못해 소통에 문제가 생기는 현상을 말합니다. 어떤 지식이 있는 사람은 그것을 알기 전의 상태, 즉 그 지식이 없는 사람의 상태를 이해하기 어렵다는 것입니다.

목사님들은 이 지식의 저주에서 자유로우실까요? 나는 알고 있지만 교인들은 모르는 내용을 전할 때, 어떻게 들릴지 생각해보셔야 합니다. 듣는 이의 편에서 생각해보세요. 교인들의 머릿속에도 내가 듣는 멜로디가 똑같이 흘러가는가? 지금 답답하게 박수 소리만 듣고 있는 건 아닐까?

들리도록 말하라

"예수님을 인격적으로 만났어요."

"예수님과의 첫사랑을 회복하고 싶어요."

"주님께서 주신 소명을 깨달았어요."

"성령께서 저에게 말씀하셨어요."

그리스도인들에게는 익숙한 말입니다. 성경공부를 할 때, 소그룹 기도 모임을 할 때 하는 말들이지요. 그런데 교회를 다니지 않는 사람들에게는 낯설게, 아니 이상하게 들릴 수도 있습니다. 영적인 언어라 그럴 수 있지요. 하지만 직장문화, 대학문화라는 말이 있듯이 어느 집단에나 문화가 있고, 그 집단의 정체성을 잘 드러내는 말이 생겨나게 마련입니다. '예수님과의 첫사랑' '소명' 등의 말은 교회문화 안에서는 자연스러운 표현들이지요.

다만 비그리스도인과 신앙에 대해 대화를 나누는 경우라면 듣는 사람에게 눈높이를 맞추어야 합니다. 처음 교회에 나온 사람도 그렇지요. 그가 예수님을 만나고, 교회라는 문화에 익숙해지는, 이렇듯 맥락이 형성되는 모습을 지켜보며 신앙적인 용어나 대화를 넓혀가야 할 것입니다.

지식의 저주에서 '지식'이란 반드시 헬라어 단어 뜻이나 성경의 역사 같은 전문적인 내용을 가리키지 않습니다. 내가 경험하고 느낀 것도 해당이 되지요. 여기 영화 이야기를 하는 두 친구가 있습니다. 둘 다 본 영화가 아니기에, A가 본 영화 이야기를 B에게 들려주고 있습니다. A는 감동에 젖어 처음부터 끝까지 줄거리를 순서대로 설명하고 있어요. 재미있으니까 무조건 보라며 자신의 감정을 강조합니다. A는 지금 '지식의 저주'에 걸려 있습니다. B가 얼마나 지루한지 눈치채지 못합니다. 그렇다면 영화를 못 본 친구와는 그 작품에 대해 대화할 수 없나요? 아닙니다. 영화를 안 본 B의 입장에서 눈높이를 맞추면 됩니다. B가 알아듣기 쉽게 내용을 구성하는 거지요. 전체 정보를 다 말할 필요는 없습니다. 인상적인 한 장면을 골라 거기서 내가 받은 감동을 집중적으로 표현하면서 공감을 이끌어내면 됩니다. 장면 하나, 대사 한 마디로도 어떤 영화인지 느낌을 전할 수 있습니다.

이따금 설교 중에 영화나 소설 이야기를 하실 때가 있을 텐데, 그런 예화는 목사님이 느낀 감동을 그대로 전하기가 사실상 불가능합니다. 작품 안에는 보는 이의 감정을 이끌어내는 서사적 장치가 있어서 관객은 자연스럽게 이야기 속에 빠져들지요. 하지만 그 이야기를 말로 전하면 감동이 반감되고 장황하게 들릴 수밖에 없습니다. 주인공의 긴 사연을 짧은 설교시간에 줄여서 말하다 보면 맥락이 사라져 자칫 단순한 교훈으로 치환될 수도 있지요. 설교시간에 어떤 스토리를 전할 때는 내용을 전혀 모르는 사람과 어떻게 커뮤니케이션할지 정보를 선별해야 합니다. 그 이야기 중에서 어떤 점을 부각해서 설교의 메시지와 연결할지 '듣는 사람'의 입장에서 고민해야 합니다.

목사님이 자신의 가족 이야기를 할 때도 지혜가 필요합니다. 목사님의 삶의 고백이 묻어나는 가족 이야기는 성도들이 쉽게 공감할 수 있는 예화이지요. 그런데 너무 사적인 이야기는 곤란합니다. 그 이야기가 설교의 메시지와 연관이 있어야 하고, 듣는 이와 공감할 수 있는 틀 안에 있어야 합니다. 기존의 성도들뿐 아니라 처음 설교를 듣게 되었거나 인터넷 설교를 접하는 제삼자가 들어도 공감할 수 있는 이야기여야 합니다. 평소에 목사님을 알기 때문에 이해하는 이야기가 아니라 그 일화를 통해 목사님을 알게 되고 이해하게 되는 이야기여야 합니다.

말씀은 물론 영적인 해석이 우선입니다. 그런데 성도들이 그 해석을 받아들이려면 먼저 중심 사건을 이해해야 합니다. 성경의 일화나 영화, 가족 이야기 등의 사건은 서사이므로 잘 들리게 전달하는 스토리텔링이 필요합니다. 스토리텔링의 방법을 우리는 이미 알고 있습니다. 바로 '육하원칙'이지요. 누가, 언제, 어디서, 무엇을, 왜, 어떻게 했는가? 하는 육하원칙이 있어야 이야기를 이해하기 쉽습니다. 목사님은 당연히 알고 있지만 성도들이 파악하기 어려운 내용이 무엇인지 육하원칙에 따라 점검해보기 바랍니다. 저의 경우, 뉴스를 하다 보면 중요한 정보가 빠진 기사를 볼 때가 있습니다. 현장에 다녀온 취재기자가 자신이 너무 잘 알고 있어서 무심코 빠뜨린 내용 때문에 기사가 어렵게 보입니다. 그럴 때는 청취자 입장에서 생각하며 육하원칙에 따라 수정합니다. 취재기자도, 아나운서도 아닌 청취자라면 어떻게 들릴까 생각해보면 기사가 달리 보입니다.

이처럼 커뮤니케이션할 때는 관점의 전환이 필요합니다. 말씀을 전하는 입장에서 듣는 성도들의 입장으로 시선을 전환하면 달리 보이는 것이 있습니다. 나의 설교는 어떻게 들릴까? 내가 뿌린 말씀의 씨앗이 성도들의 마음밭에 잘 떨어졌을까? 더 잘 들리고 공감할 수 있는 방법은 무엇일까? 기술적인 접근으로 스피치를 향상하기보다 관점의 전환을 통해 단순하지만 큰 변화를 만들 수 있습니다. 목사님도 수월하게 준비하면서 성도들도 더 잘 들리고 이해하는 설교를 할 수 있습니다.

T.P.O 설교하기

티피오(T.P.O)는 옷을 입을 때의 기본 원칙으로, 시간(Time), 장소(Place), 상황(Occasion)을 적절히 고려해야 한다는 뜻입니다. 사실 패션뿐만 아니라 문화적인 환경 속에 살아가는 인간의 모든 행위에는 어떤 적절함이 요구되고 있습니다. 설교 역시 듣는 대상이나 때와 장소 등을 감안해 말씀을 준비해야 할 것입니다. T.P.O의 법칙을 설교에도 한번 적용해볼까요?

새벽예배를 옷차림에 비유한다면 편안한 평상복을 생각할 것 같습니다. 새벽예배 하면 주로 잔잔한 분위기를 떠올리지요. 그런데 하루를 시작하는 이들이 기운이 나도록 생동감 있게 말씀을 나누면 어떨까요. 주일예배 하면 잘 갖추어진 정장이 생각납니다. 그런데 성도들은 주일에 편안한 마음으로 안식하고자 교회에 옵니다. 또 말씀의 잔치에 참여한 듯 흥겨운 기분도 들지요. 그런 분위기를 생각해보아도 좋을 것 같아요. 수요예배는 성도들에게 경기의 하프타임 같은 시간입니다. 주중에 한 번 모여 체력을 보충하고 후반전을 뛰어야 하는 선수들 같은 기분이겠지요.

한 주 설교의 목록을 요일별로 적어보세요. 대예배, 수요예배, 새벽기도회, 심방 등이 있을 텐데요, 예배의 특징, 요일의 분위기, 성도들의 마음 상태를 중심으로 방향을 정해봅니다. 이런 요소들은 설교의 '적절함'을 가늠하는 작은 기준이 될 것입니다. 적절함을 고려하는 것. 그것은 바로 효과적인 커뮤니케이션을 위한 첫 걸음입니다.

4

마음을 움직이는 설교

설교를 열심히 준비하는데, 그만큼 잘 전달이 되지 않는 것 같습니다.

 '전달'은 준비된 설교를 강대상에서 전할 때에만 필요한 개념이 아닙니다. 설교의 주제를 잡고 내용을 구성하는 단계부터 '잘 들리는 말'로 준비해야 합니다. 이해하기 쉬운 내용으로 구성해야 전달에 힘이 생깁니다. 좋은 목소리, 정확한 발음만으로는 감동적인 설교를 만들 수 없지요. 성도의 귀만이 아니라 마음을 울릴 수 있도록 설교의 모든 과정에 '전달'이라는 키워드를 고민하셨으면 합니다.

가장 큰 고충, 전달

목사님은 일주일에 설교를 몇 번 하십니까? 대부분 교회에서
는 주일에 오전예배, 오후예배가 있고, 주중에는 수요예배와 금
요기도회가 열립니다. 매일 새벽기도회도 있지요. 종종 결혼예
배나 장례예배를 인도하고 병원 심방을 하기도 합니다. 이렇게
만 봐도 일주일에 통상 10회 내외의 설교를 하실 겁니다. 예배
시간뿐만 아니라 준비과정까지 생각하면 목사님께 설교는 주된
업무이자 일상이며 삶 자체라고 할 수 있겠지요. 그런데 매일 말
씀을 붙잡고 준비하는 설교가 기대한 만큼 잘 전달되고 있습니
까? '어떤 말씀을 전할까'에 대해서는 늘 숙고하실 텐데, '어떻게
잘 전할까'에 대해서는 그만큼 고민하시는지요?

2007년『목회와 신학』에서 578명의 목회자를 대상으로 '설교
한 편을 준비하는 데 얼마나 시간을 쓰는가'라고 물었습니다. 작

은 교회 목회자는 11시간, 중대형 교회 목회자는 13시간이었으며, 참고 도서는 3~4권 정도를 본다고 답변했습니다.

시간이 지나도 그런 환경은 크게 달라진 것 같지 않습니다. 2015년 기독교윤리실천운동의 설문조사를 보면 목회자의 절반 정도가 설교 한 편을 위해 '50시간 이상'을 준비한다고 했습니다. 담임 교역자 가운데 44퍼센트가 이렇게 답했고, 전임 사역자의 47퍼센트도 15시간 이상이라고 했습니다. 물론 모든 설교를 그렇게 준비하지는 못하겠지만 주일 대예배 설교만큼은 정성을 쏟는다는 뜻이겠지요. 그런데 성경공부, 기도회, 심방, 목회자 회의, 각종 경조사, 주례나 장례예배까지 다방면으로 사역한다는 사실을 생각하면 이 조사결과는 의미심장합니다. 목회자들이 치열하게 설교 준비를 하고 있음을 보여주기 때문입니다.

그렇다면 설교에서 가장 어려운 점은 무엇일까요? 2008년 『목회와 신학』 설문조사 결과에서는 많은 목사님이 '전달'이라고 했습니다. '설교 한 편을 준비하는 데 얼마나 시간을 쓰는가' 와 '설교 사역 중 가장 어려움을 느끼는 부분은 무엇인가?' 이 두 가지 질문에서 목사님들의 고민을 짐작할 수 있습니다. 설교 한 편을 준비하기 위해 얼마나 공을 들입니까? 본문을 묵상하고, 책을 읽고, 주제를 정해 원고를 작성하는 데 많은 시간을 들인다고 했습니다. 그런데 애써 준비한 설교가 잘 전달되지 않는 것 같다니 안타까운 일이 아닐 수 없습니다.

전달이라고 하면 원고를 쓴 뒤 강대상에서 말하는 모습만을 생각합니다. 원고를 잘 읽어 내려가는 것은 전달의 일부입니다. 전달은 설교의 마지막 단계가 아니라 준비하는 모든 과정에서 짚고 가야 할 핵심 요소입니다. 설교의 주제를 정하고 구성을 잡을 때부터 전달이 잘되도록 깊이 고민해야 합니다.

설교는 선포이자 소통

지금은 정보 홍수의 시대입니다. 사람들은 웬만한 이야기에 감동하지 않습니다. TV를 보다가 조금만 지루해도 채널을 돌립니다. 이렇게 세상 문화에 노출된 이들이 우리 성도들이기도 합니다. 홍수에 마실 물이 없다는 속담처럼 넘쳐나는 콘텐츠에도 우리는 영적으로 목이 마릅니다. 그래서 세상에 지쳐 피곤한 몸을 이끌고 교회를 찾아 말씀에 귀를 기울입니다. 그런데 갈증이 해소되지 않을 때가 많습니다. 귀를 기울여도 내용을 이해하기 어렵고 맥락이 닿지 않아 혼란스럽기도 합니다. 목사님의 해박한 지식이나 좌중을 들었다 놨다 하는 말솜씨에 탄복할 때도 있지만 '그래서 어쨌다는 건가?' 허탈해지기도 합니다.

하지만 성도들은 목사님께는 물론, 여럿이 있는 자리에서도 설교에 대해 언급하지 않습니다. 설교는 '말씀의 선포'이기 때문에 설교를 평가하는 것은 그 절대적인 권위에 도전하는 행동이라며 자제합니다. 설교가 잘 들리지 않으면 설교에 집중하지 못하는 자신을 탓합니다. 딴생각이 나면 영적으로 둔감해졌다고 생각합니다. 그러면서도 때때로 말씀을 듣다가 '앞뒤가 맞지 않는데?' '저건 좀 비약이 아닌가?' 이성적인 판단이 드는 건 어쩔 수가 없습니다.

제가 너무 솔직하게 말씀을 드린 듯하네요. 물론 성도들이 늘 이런 억압을 느낀다는 것은 아닙니다! 예배당에 찾아온다는 것은 설교를 경청하고 싶다는 뜻이니까요. 설교에는 선포와 소통이라는 두 가지 측면이 있는데, 소통하는 설교를 한다면 위와 같은 고민에 빠진 성도들의 마음을 활짝 열 수 있습니다.

전통적으로 설교는 '선포'의 측면이 강조되어왔습니다. 선포는 하나님의 뜻을 가감 없이 전하는 것입니다. 하나님은 당신의 뜻을 거스르는 이스라엘 백성들을 탄식하며 바라보고 선지자를 부르십니다. 그리고 그로 하여금 패역한 무리를 향해 경고하고 책망하고 호소케 하셨지요. 죽음을 각오하고 부르짖는 외침이 '선포'입니다.

세상의 흐름에 대해 아니라고 외칠 수 있는 권위, 그런 메시지를 담고 있다는 뜻에서 설교는 말씀의 선포이지만 목회자의 일방통행으로 끝나서는 안 될 것입니다. 설교는 하나님의 말씀을 사람들에게 전달한다는 점에서 '소통'입니다. 설교시간에는 말씀의 근원이신 하나님과 그 말씀을 듣는 성도, 전하는 목회자와의 진정한 소통이 이루어져야 합니다. 그러기 위해서는 말씀을 선포하는 권위를 지니되, 설득과 공감의 방식으로 전달해야 합니다. 설교의 목적은 하나님의 마음을 전하여 성도들이 은혜를 받고 믿음의 열매를 맺게 하는 것입니다. 중간 전달자인 목회자는 하나님과 성도가 건강한 관계를 맺도록 주선하는 역할을 합니다. 그러기 위해서는 성도의 마음을 움직여야 합니다. 성도들을 설득해 하나님을 등지고 있는 사람들을 돌이키게 해야 합니다. 하지만 마음을 여는 것은 억지로 할 수 없습니다. 가장 확실한 것은 자기 설득입니다. 스스로 납득되어야 합니다. 그래야 고개가 끄덕여지고 마음이 열립니다. 입에서 나오는 소리가 아닌 마음 깊은 곳에서 울려오는 고백의 '아멘'을 하게 됩니다.

　성도들은 목사님의 마음을 느낍니다. 목사님이 얼마나 애써 말씀을 준비하고 전하는지 진심을 헤아릴 수 있습니다. 내용 전개가 조금 억지스럽고 발음이 좋지 않아도 진심이 느껴진다면 감동을 받습니다. 그런데 어떤 설교는 울림이 없습니다. 구성도 흠잡을 데 없고 유창하게 말씀도 전하지만 귀를 스치고 마음을 비켜가지요. 이때 말씀은 과녁 밖의 허공에다 쏘는 화살과 같습니다. 누구를 향한 메시지인지, 무슨 목적으로 전하는지 분명하지 않으면 수용자인 성도에게 가닿지 않습니다. 듣는 사람을 생각하지 않고 일방적으로 쏟아내는 말은 허공을 떠돌게 됩니다.

　지난주 설교는 지금의 시대, 현대인의 삶, 그리고 우리 교회 성도들의 일상과 맞닿아 있는지요? 그 메시지를 잘 들리는 방식으로 전달하셨는지요? 본문을 묵상하고 원고를 작성하기에도 바쁜데 설교를 평가하고 개선점까지 고민하는 것이 불편할지도 모르겠습니다. 하지만 예배시간에 사람들이 졸고 있다면 '성도들이 설교를 안 듣는구나'에서 '설교가 잘 안 들리는 것은 아닌가?' 이렇게 생각을 바꾸어보면 어떨까요? 목사님의 의미있는 변화는 거기서 시작될 수 있습니다! 예수님이 누구나 알아듣기 쉬운 말로 복음을 전했듯이 그렇게 잘 들리는 설교를 할 수 없을까요?

탁월한 커뮤니케이터

예수님은 탁월한 스토리텔러입니다. 말씀을 듣는 이들과 소통하는 법을 잘 알고 계셨습니다. 청중의 눈높이를 정확히 이해하시고 당대인에게 친숙한 예화로 복음을 전하셨습니다. 예수님의 말씀에는 여행을 떠나는 주인과 맡겨진 일을 하는 종, 목자와 잃어버린 양, 씨 뿌리는 농부 등 평범한 사람들이 나옵니다. 누룩, 그물, 등불, 낡은 가죽 부대와 새 포도주 등 일상적인 소재가 사용됩니다. 내가 경험한 듯한 이야기, 나를 닮은 인물이 나오는 말씀에 청중들은 깊이 공감했을 것입니다.

엄청난 볼거리와 반전이 있는 영화나 소설이 쏟아지는 지금도 사실성에 기반을 둔 정통 서사는 여전히 감동을 줍니다. 공감의 강력한 힘 때문이지요. 우리는 나를 닮은 사람의 사연에 점점 동화되고, 주인공의 심정이 되어 그와 함께 울고 웃게 됩니다. 설교자로서 예수님은 평범함의 위대함을 아셨습니다. 또한 공감의 힘과 전파력을 아셨지요. 당대인들은 생생한 삶의 현장에서 펼쳐지는, 내 이야기와도 같은 복음의 말씀에 크게 감화받았을 것입니다. 예수님은 일방적으로 주장하지 않으십니다. 하나님의 나라를 추상적인 개념으로 설명하는 것이 아니라, 천국이 어떤 곳인지 듣는 이가 충분히 상상할 수 있도록 구체적인 예를 드셨습니다. 청자의 입장에서 공감할 만한 비유와 전개, 감정을 담아 메시지를 전달하셨습니다.

돌아온 탕자 비유를 살펴볼까요? 회개와 구원이라는 복음의 핵심 메시지를 담은 이 말씀에서 예수님은 어느 탕자를 주인공으로 등장시킵니다. 부잣집 둘째 아들인 그는 당돌하게도 아직 살아계신 아버지에게 자신의 유산을 미리 달라고 요구합니다. 그리고는 아버지의 간섭을 벗어나 집을 멀리 떠납니다. 요즘 같아도 불효막심한 행동인데 가문의 명예를 중시하던 당시에는 용서받지 못할 처사였을 것입니다.

이후에 작은아들이 집을 나가고 유산을 탕진한 뒤 다시 돌아오기까지 어떤 일들이 있었는지 우리는 잘 알고 있습니다. 듣는 이는 상황에 따라 각각의 인물에 감정이입을 하게 됩니다. 죄 지은 탕자의 입장에서, 돌아온 아우가 못마땅한 맏아들의 시선으로, 돌아온 아들을 큰 사랑으로 끌어안는 아버지의 마음으로 이야기를 따라갑니다. 어떤 시선으로 보느냐에 따라 감동을 받는 지점이 달라지지만 일단 등장인물 가운데 누군가에게 감정이입을 하면 탕자의 비유는 곧 나의 이야기가 됩니다. 돌아온 아들이 아버지의 품에 안겨 눈물을 흘릴 때 그 장면을 상상하며 나도 탕자의 심정이 됩니다. 그가 아버지의 품에서 느낀 안도감을 함께 느끼는 것이지요. 간접경험을 통해 아버지의 사랑을 몸으로 이해하고 마음으로 받아들이며 용서를 구하게 됩니다.

감동만이 사람을 변화시킬 수 있습니다. 예수님은 이야기 속에 듣는 이가 그분의 사랑을 기억하고 상상할 수 있는 공간을 만들어주십니다. 나도 모르게 경계가 허물어지고 아버지의 은혜에 힘입어 인생의 새로운 길로 향하게 됩니다. 예수님이 들려주신 이야기가 나의 이야기가 되는 순간입니다. 이것이 바로 이야기가 지닌 힘이지요. 예수님은 이처럼 한 편의 이야기를 통해 하나님의 크신 사랑을 멋지게 표현해냅니다.

'하나님은 사랑이시다. 하나님은 우리를 자녀로 삼아주셨기에 큰 죄를 저지른다 해도 우리를 버리지 않으신다. 그러니 회개하고 하나님께 돌아가자.' 이것이 탕자의 비유에 담긴 핵심 메시지입니다. 이것은 주장입니다. 주장은 그 자체로는 설득력이 약합니다. 목소리를 높인다고 설득되지 않습니다. 그 주장을 현실에 비춰보면서 이해할 수 있을 때 설득할 수 있습니다. 예화는 그런 적용의 과정을 도와줍니다. 그래서 어떤 스피치든 예화를 적절히 사용하지요.

스피치의 범주에서 보면 설교는 설득 스피치로 분류됩니다. 설교는 성도들에게 믿음을 더 굳건하게 하고, 믿지 않는 사람들에게 신앙을 갖게 설득하는 일입니다. 그러니 듣는 이의 상황에 따라 전달하는 방법도 달리해야 합니다. 신앙생활을 오래한 사람은 성경에 대한 기초 지식이 있습니다. 성경의 역사와 구조, 용어를 알고 있어서 조금 어려운 설교도 알아듣는 데 문제가 없습니다. 그런데 비그리스도인이나 초신자는 대개 설교를 통해 복음을 접하게 됩니다. 만약 목사님이 이렇게 설교를 하셨다면 어떻게 들릴까요?

"여러분, 요즘 예수님을 만나고 계십니까? 예수님께서는 네 이웃을 내 몸과 같이 사랑하라 하셨는데, 오늘 만난 사람들은 여러분에게 이웃이었습니까? 성령께서 말할 수 없는 탄식으로 어제도 오늘도 우리에게 말씀하고 계십니다. 주님께서 주신 비전을 깨달아 잃어버린 영혼들에게 나아가라고 말입니다."

성령, 소명, 구원, 회개 같은 말의 개념을 잘 알지 못하는 사람들에게는 설교가 어렵고 낯설게 느껴질 것입니다. 물론 그 단어들이 지닌 특유의 경건한 분위기가 있지요. 기도나 성경 봉독을 할 때, 찬송을 부를 때는 문장이나 가사 속에 자연스럽게 스며들게 됩니다. 기도는 영적인 언어로 이루어진 산문시와 같습니다. 눈을 감는 의식으로 경건함이 더해집니다. 성경 봉독 역시 시적인 운율이 있지요. 함께 교독하면서 성스러운 분위기에 동참하게 됩니다. 찬송은 아름다운 멜로디와 함께 "우리 주만 믿으면 모든 구원 얻으며 영생복락 면류관 확실히 받겠네…" 이런 가사들도 무리 없이 받아들이게 됩니다. 하지만 설교에는 운율과 멜로디가 없습니다. 직접적으로 메시지를 전하는 것입니다. 그러니 영생이나 구원이라는 말을 한다면 지금 발 딛고 살아가는 현실의 문제와 연결 지어야 합니다. 그렇지 않으면 초신자들은 외국어를 듣는 듯 스스로 그 뜻을 헤아려야 합니다. 그럴 때 적절한 예화가 있다면 이해하기가 훨씬 쉽겠지요.

청자의 성향이나 수준이 대략 정해진 기존 강연과는 달리 설교는 '들을 귀 있는' 사람에게 모두 열려 있는 자리입니다. 복음에는 각양각색의 사람들이 모두 이해할 수 있는 보편성이 있습니다. 예수님이 복음의 이해를 돕기 위해 사용하신 이야기 방식은 바로 비유였습니다. 한 편의 이야기를 들려주고 거기에서 개념과 구조를 풀어내어 설명하면 이론만 설명하는 것보다 훨씬 이해하기 쉽습니다. 이야기 안에 녹아 있는 기본적인 개념을 같이 공유했기 때문입니다. 설교의 예화도 그렇게 사용되어야 합니다. 듣는 사람의 눈높이에 맞춘 이야기를 해야 하지요.

그런 면에서 예수님은 뛰어난 스토리텔러이자 커뮤니케이터

이기도 합니다. 현재와는 확연히 다른 2천 년 전의 커뮤니케이션 환경 속에서 예수님은 전례 없는 화법으로 대중들을 사로잡았습니다. 예수님은 저술가가 아닙니다. 오직 말로 말씀을 전하셨지요. 비유라는 명료하고 이해하기 쉽고 무엇보다도 짧은, 본질적으로 새로운 형식의 말하기로 복음을 전하셨습니다. 그 말씀은 당대에 가히 혁명적인 파급력을 지니며 입에서 입으로 전해졌습니다. 훗날 제자들이 예수님의 말씀을 기록했는데 그 말씀이 성경이라는 책의 형태로 대중화되기까지는 장구한 시간이 필요했고, 그동안 말씀은 구술로 이어졌습니다. 책도 TV도 유튜브 같은 채널도 없이 오직 구술로 말씀이 이어져 왔다는 것은 시대를 초월한 강력한 메시지와 기억하고 전하기도 쉬운 이야기 형식이 결합되었기 때문입니다. 예수님이 커뮤니케이터로서 어떤 메시지를, 어떤 이야기의 방식으로 전했는지 주목해야 할 이유가 여기에 있습니다.

일상의 언어 살펴보기

아나운서들이 방송에서 하는 말은 대표적인 공적 언어입니다. 여러 사람이 보고 듣고 영향을 받는 말이라 어법에 따라 정확하게 사용합니다. 방송 언어에는 이런 규칙들이 있습니다. 표준어를 사용한다, 가능하면 쉬워야 한다, 듣는 사람 위주로 경어를 쓴다, 품위 있는 말 논리적인 말을 사용한다, 지나친 수식어나 감탄사를 피한다…. 아나운서들은 이런 점에 유의하면서 평소에도 정확한 언어를 쓰려고 노력합니다.

설교도 방송과 마찬가지로 공적 언어의 영역에 있으므로 이런 노력을 해야 합니다. 가장 좋은 방법은 일상 언어를 살피는 일입니다. 평소의 말 습관이 강단에서도 이어질 수 있기 때문입니다. 저 역시 더 좋은 방송을 하기 위해 지금도 잘못된 말 습관을 바꾸고 고쳐나갑니다. 일상 언어와 공적 언어에서 큰 차이가 없어야 자연스럽게 진행할 수 있거든요.

목사님도 일상 언어와 공적 언어가 따로 있지 않겠지요. 평소에 과장된 표현을 쓰거나, 말이 빠르거나, 정확한 어휘를 쓰지 않거나 하면 설교에 무의식적으로 나타날 수 있습니다. 가족과의 대화, 친구와의 전화, 교인들과의 교제 등 여러 상황에서 평소 내가 하는 말들을 한 번쯤 돌아보세요.

어떻게
지내세요?

감사하며
삽니다.

5

성도라는 청중

예배시간에 자주 조는 성도가 있습니다. 어떻게 하면 좋을까요?

 청중은 본래 방어적입니다. 연사를 판단하면서 쉽게 마음을 열지 않습니다. 하지만 성도라는 청중은 말씀을 듣고자 기꺼이 찾아오는 사람들입니다. 일반 강연을 듣다가 졸면 사람들은 강의가 별로였다고 강사를 탓하지만 설교시간에 졸면 성도들은 죄송한 마음으로 목사님의 기색을 살피고 있을 것입니다. 말씀을 사모하는 성도들 앞에 서 있는 목사님은 그래도 행복한 연사입니다.

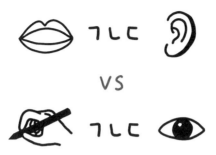

발연기를 하는 배우

우리는 하루에 어느 정도 말을 할까요? 신경정신학자 루안 브리젠딘Louann Brizendine은 저서 『여성의 뇌』에서 여성은 하루 평균 2만 단어를, 남성은 7,000개 정도의 단어를 사용한다고 했습니다. 개인차가 있다 해도 생각보다 많은 말을 하고 있지요? 회의나 강의처럼 준비해서 말할 때도 있지만 대부분은 그냥 생각나는 대로 말을 합니다. 그런데 말하는 과정을 살펴보면 그 정교함에 새삼 놀라게 됩니다.

먼저 머릿속에 이야깃거리가 떠오릅니다. 어떻게 말할지 정리하기도 전에 말문이 열립니다. 이야기 방향을 잡는 동안에도 말은 끊임없이 이어지지요. 다음 할 말에 신경을 쓰다 보면 오히려 지금 하는 말이 뒤엉켜버립니다. 이처럼 대부분 이야기는 꼬리에 꼬리를 물고 흘러갑니다. 단순해보이지만 우리는 말을 하며 여러 정보를 한꺼번에 처리하고 있습니다. 복잡한 과정이 동시 다발적으로 이루어지는 거지요.

이번에는 말의 경로를 살펴볼까요? 말은 무엇으로 합니까? 싱겁지만 정답은 '입'입니다. 그러면 말은 무엇으로 들을까요? 당연히 '귀'입니다. 말은 입으로 나와 귀로 들어갑니다. 시간을 따라 흘러가고 공간에 흩어지지요. 말은 현장성이 강해 이미 한 말은 고칠 수도 다시 들을 수도 없습니다. 그래서 더욱 신중해야 합니다.

글의 경로는 '손'과 '눈'입니다. 손으로 글을 쓰고 눈으로 글자를 보지요. 말과 달리 글은 다시 볼 수 있습니다. 이해하지 못하면 앞으로 가서 다시 읽어볼 수 있고요, 쓰면서 얼마든지 수정할 수 있습니다. 이처럼 말과 글은 모두 소통의 수단이지만 경로가 다릅니다. 말은 입과 귀를 통해, 글은 손과 눈을 통해 전달됩니다. 내용을 송수신하는 경로가 다르다는 것은 같은 목적지라도 가는 길이 달라진다는 뜻입니다.

서울에서 부산으로 여행을 간다고 생각해볼까요? 원하는 시간에 출발하고 중간에 휴게소도 들르고 싶다면 직접 운전을 해야 하지만 단시간에 도착하려면 KTX를 타야 합니다. 이처럼 목표 지점이 같아도 가는 길이 다르면 여행 계획도 달라져야 합니다. 이동수단의 장단점과 특징을 제대로 알아야 내게 적합한 것을 선택할 수 있지요. 말과 글도 각각 경로가 다름을 이해해야 그 특징에 맞춰 바르게 접근할 수 있습니다. 질문을 하나 해볼게요. '글로 써서 입으로 읽는다.' 이것은 말일까요, 글일까요? 말일 수도 있고 글일 수도 있습니다. 말을 위해 원고를 쓰고 이것을 참고하며 이야기한다면 '말'입니다. 하지만 문어체로 쓴 원고를 그대로 읽는 것은 말이 아니라 낭독입니다. 아무리 자연스럽게 읽는다고 해도 문어체 원고는 딱딱해서 입에 붙는 말이 될 수 없습니다. 입을 통해 나온다고 다 말처럼 들리지는 않지요. 말과 글은 비슷해 보이지만 경로가 다르기에 이런 차이가 생기는 것입니다.

사람들은 연기를 못하는 배우를 보고 이렇게 말합니다. "대본을 읽고 있네." "발연기를 하는구나." 분명히 입으로 말을 하는데 우리 눈에는 그렇게 보이지 않기 때문입니다. 마치 허공에 대본을 걸어놓고 읽는 것처럼 느껴집니다. 감정이 살아 있지 않고 외워서 하는 티가 나는 거지요. 연설이나 강연도 그렇습니다. 대개 두 가지 원인이 있습니다. 먼저 대본이나 원고가 제대로 완성된 구어체가 아니기 때문이고요, 전달하는 사람이 자연스러운 억양과 감정을 실어 말로 표현하지 못하기 때문입니다. 이런 경우에 청중은 음성으로 전해지는 '글'을 듣게 됩니다. 말하는 사람이 '말'로 해야 듣는 사람에게도 '말'로 전해집니다.

설교는 말이다

그렇다면 설교는 말일까요, 글일까요? 목사님의 입을 통해 나오는 것이므로 당연히 '말'입니다. 그런데 말처럼 들리지 않는 설교가 있습니다. 원고를 그대로 읽으면 그렇습니다. 목사님 입장에서는 최대한 정리된 원고를 읽어서 말로 생기는 오류를 줄이려는 뜻이겠지만 성도들은 귀로 글을 듣는 격이라 내용이 잘 들어오지 않습니다.

말과 글은 그 특성과 전달 경로가 서로 다르다는 사실을 잊어서는 안 됩니다. 글을 읽으면서는 책을 덮고 생각을 하기도 하고 메모도 합니다. 이처럼 글에는 독자의 생각을 숙성시킬 공간이 있습니다. 그런데 청중은 독자보다 수동적인 입장에 놓이게 됩니다. 그 자리에서 들리는 대로 내용을 계속 받아들여야 하지요. 설교하며 교감을 이끌어내려면 말 속에 성도들이 참여할 공간을 만들어두어야 합니다. 듣는 즉시 이해해야 하므로 글보다 훨씬 쉬운 말로 해야 메시지가 제대로 전달됩니다. 문어체로 된 설교문을 듣는다면 말이 귀에 들어오다 턱 하고 걸립니다. 잘 정련된 문어체 단어들은 머릿속을 한 번 거치는데 말뜻을 이해하는 과정에서 중요한 메시지를 놓치고 맙니다. 문어체로 쓴 원고를 웅변조로 낭독하는 목사님을 보기도 합니다. 논리적인 글을 절절하게 호소하듯 읽어 내려가니, 전달방법의 부조화로 공감하기가 어렵지요.

이 책의 주제는 바로 '설교는 말이다'입니다. 이렇게 관점을 바꿔보세요. 설교를 준비하고 전달하는 전 과정에서 '설교는 말이다'를 놓치지 않는다면 성도들과 원활한 소통을 할 수 있습니다. 강의 중에 한 목사님이 질문을 하셨습니다. "신학교에서 '원고에서 벗어나지 마라. 그대로 외워서 할 수 있으면 백 번이라도 연습해서 하고 그게 아니면 차라리 그냥 읽어라'라고 배웠습니다. 그래서 지금까지 그렇게 해왔는데 틀렸다는 말입니까?"

문득 궁금해졌습니다. 그 방법이 효과적이었는지, 그때 교수님은 어떤 맥락에서 그런 말씀을 하셨을지, 무엇보다 앞으로도 계속 지금의 방법대로 하고 싶으신지…. 제가 그 의도를 다 알 수 없지만 실수할 수 있으니 원고를 잘 준비하고 메시지에 충실하라는 뜻이 아니었을까요. '원고에서 벗어나지 말라'를 문자 그대로 받아들인다면 설교하면서 맞닥뜨리는 다양한 상황에 적응할 수 없습니다. 현장 반응을 보며 적절하게 대처하는 유연성이 떨어져 성도들과 소통하기 어려워질 것입니다. 어떤 목사님은 이런 질문도 하셨습니다.

"아나운서들이 하는 말은 원고를 다 읽는 건가요?"

"그럴 때도 있고, 아닐 때도 있습니다."

읽을 때보다 그냥 말할 때가 더 많기 때문입니다. 원고를 읽는다고 해도 글자 그대로 말하는 게 아니라 내용을 숙지해서 '전달'합니다. 손에 든 원고를 보며 말하니까 읽는 것처럼 보이지만 읽는 것과 전달하는 것에는 큰 차이가 있습니다. 읽을 때는 글자 하나하나가 문자로 들어오는데 전달할 때는 내용이 머릿속에 이미지로 들어오고, 이해한 것들을 체화시켜 말을 하는 것입니다.

말하는 사람은 그 차이가 작게 느껴지지만 듣는 사람에게는 크게 와 닿습니다. 뉴스를 들어보면 확연해지지요. 음악방송이나 시사·교양 프로그램을 진행할 때는 원고 의존도가 낮습니다. 이때는 자기 생각을 자유롭게 말하지만 라디오 뉴스는 대개 원고를 그대로 읽습니다. 그런데 같은 원고지만 누가 어떻게 읽느냐에 따라 전달력에 큰 차이가 있습니다. 아나운서들이 뉴스가 기본이라고 말하는 것은 주어진 원고를 어떻게 해석하고 전달할 수 있느냐를 가늠할 수 있기 때문입니다.

청취자의 귀는 놀라울 정도로 정확합니다. '이 사람은 읽고 있네. 뉴스 내용을 잘 모르나봐?' 이런 생각이 들 때가 있습니다. 왜 그런지 꼬집어 설명할 수는 없지만 저절로 그렇게 느껴집니다. 아나운서가 글자를 또박또박 읽는 것이 마치 활자를 타자 치듯이 음성으로 바꿔낸 것처럼 들립니다. 읽는 사람이 내용을 제대로 이해하지 못했을 경우 그렇게 들립니다. 말하는 사람이 먼저 내용을 알고 머리에 이미지를 그려야 합니다. 그래야 듣는 사람에게도 정확하게 전달해줄 수 있습니다. 이해하기 어렵고 글을 읽는 것처럼 들린다면 그 책임은 말하는 사람에게 있습니다. 제대로 말해야 제대로 들립니다. 말로 이야기해야 말로 들립니다. '설교는 말이다'라는 명제는 성도라는 청중을 이해할 때 구체적으로 다가올 것입니다.

설교 스피치의 3대 요소

스피치의 3대 요소가 있습니다. 연사, 콘텐츠 그리고 청중입니다. 이 세 가지가 맞물려야 커뮤니케이션이 원활해집니다. 그중에서도 가장 중요한 요소는 청중입니다.

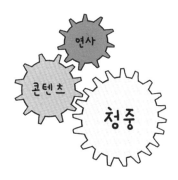

그림을 보면 청중의 톱니바퀴가 가장 크게 그려져 있습니다. 말을 주도하는 연사가 제일 중요할 것 같지만 듣는 사람이 잘 이해해야 커뮤니케이션에 성공하기 때문입니다. 청중은 연사의 이야기를 수용하고 피드백을 주는 능동적인 존재입니다. 연사는 청중의 속성을 잘 파악하고 공감을 이끌어내야 합니다.

그렇다면 이 스피치의 3대 요소를 설교에 적용해볼까요? 연사는 설교자로, 콘텐츠는 말씀으로, 청중은 회중으로 이름만 바뀌는 것 같지만 그 안의 역동관계는 매우 다릅니다. 2장에서 설교자는 '중간자'라는 이야기를 나누었죠? 일반 스피치에서 연사는 콘텐츠의 생산자이자 전달자이지만 설교자는 하나님과 성도 사이에 있다는 점에서 차이가 있습니다.

일반 스피치에서 콘텐츠는 연사 자신의 것인데 설교에서 콘텐츠는 누구의 것인가요? 설교는 말씀으로, 살아서 존재하는 영입니다. 성도들은 말씀에 감화를 받아 삶의 현장에서 실천하게 됩니다. 존 스토트는 성경을 "살아 계신 하나님께로부터 살아 있는 사람들에게 전해지는 살아 있는 말씀이요, 시대를 초월해 모든 시대에 그 시대의 말씀으로 전해지는 메시지"라고 했습니다. 성경적인 의미에서 설교는 목사님 자신의 생각이 되어서는 안 됩니다. 오늘의 회중을 향해 들려주시는 영원한 하나님의 말씀이어야 합니다. 그렇기에 목사님은 말씀의 주체이신 하나님의 음성을 듣기 위해 성경을 붙잡고 기도합니다. 말씀이라는 콘텐츠에는 하나님과 설교자의 관계성이 있지요. 이것은 일반 스피치의 지식 콘텐츠와 다른 지점입니다.

연사와 청중의 관계 역시 다릅니다. 일반 강연에서는 현장의 즉각적인 반응이 중요하기 때문에 연사들은 청중 분석을 많이 합니다. 참석자들의 성격, 전달방법, 관심사에 맞추어 주제와 내용의 수위를 조절합니다. 설교에서 성도는 어떤 존재일까요? 예배당에 앉아 말씀을 받아들인다는 점에서 수동적인 대상으로 보입니다. 그런데 커뮤니케이션의 관점, 즉 설교자가 중간자로서 말씀을 전달해 '소통하고 공유하는 대상'으로 본다면 성도는 하나님과 연결된 중요한 한 축입니다. 그래서 목회자는 더더욱 성도의 입장에서 설교를 보아야 합니다. 일반 강연의 청중 분석과는 목적이 다릅니다. 필요하다고 해서 긍정적이고 위로해주는 내용을 전하는 데만 치우쳐서는 안 됩니다. 때로는 문을 두드리고 징을 울릴 필요도 있습니다.

예수님도 이스라엘 백성들에게 큰 위로를 주신 한편 정곡을 찔러 가르치셨습니다. 당당하게 천국을 선포하셨습니다. 오늘날도 마찬가지입니다. 성도들이 반드시 들어야 할 이유가 있다면 굳어진 마음에 말씀의 뿌리가 내릴 수 있도록 선포해야 합니다. 스웨덴의 신학자 구스타프 빙그렌Gustaf Wingren은 설교를 "살아 계신 그리스도의 발과 입이 되어 드리는 것"이라고 했습니다. 과거의 그리스도에 대해 말하는 것이 아니라 오늘도 말씀하시고 역사하시는 그리스도의 입이 되게 해야 한다는 뜻입니다. 오늘의 성도를 위해 내용을 고민하되 그들이 듣고 싶은 말이 아니라 하나님의 뜻을 담은 '선포'라는 점에서 일반 스피치와 다른 영적인 의미가 있습니다.

제2의 청중

누군가의 이야기를 들으려면 마음이 열려야 합니다. 그렇지 않으면 한 귀로 흘려듣거나, 저 말이 맞는지 의심하거나 딴생각을 하게 되지요. 유명한 강사라고 해도 청중은 무조건 마음을 열지 않습니다. 회사에서 의무적으로 교육을 받아야 했을 때는 아무리 좋은 강사가 와도 듣고 있으면 피곤해집니다. 이렇듯 청중은 본래 방어적인데, 자진해서 모인 청중이라면 이야기가 다르지요. 그래서 목사님은 행복한 연사입니다. 성도들은 말씀을 듣고자 자발적으로 찾아오는 사람들이니까요. 물론 딴생각을 하고 졸기도 하고 영혼 없이 '아멘' 할 때도 있지만 그러면서도 목사님의 기색을 살피고 있을 것입니다.

사람들은 타인의 말을 듣고 자신의 입장 바꾸기를 좋아하지 않습니다. 특히 청중이라는 무리 속에 있으면 더 방어적이고 보수적입니다. 자기 의견을 얼마든지 말할 수 있는 일대일 대화에서도 그러한데, 강연회에서는 일방적으로 듣고만 있어야 합니다. 강연 후의 질의응답 시간도 충분하지는 않지요. 청중은 이런 제약된 상황을 상쇄할 만큼 알찬 내용인지 냉정하게 듣습니다. 또한 연사가 어떤 태도로 자신들을 대하는지 예민하게 느낍니다. 연사가 미소 띤 얼굴로 말하지만 청중을 무시하거나 성의 없이 대하는지, 진심으로 눈을 맞추며 자신이 가진 지식과 정보를 아낌없이 나누려 하는지 알아차립니다.

설교는 일대다一對多 커뮤니케이션입니다. 한 사람이 말하고 여러 사람이 동시에 듣습니다. 그러다 보니 앞에 선 연사는 청중을 일대일로 만나기보다 한 무리의 존재로 대하기 쉽습니다. 그런데 청중의 입장에서는 어떨까요? 여럿이 그 자리에 있지만 들을 때는 나에게만 이야기한다고 느낍니다. 따라서 연사는 청중을 집단화하지 말고 한 사람 한 사람 개별적인 존재라 여기며 존중하는 태도를 가져야 합니다.

라디오 방송 역시 일대다 커뮤니케이션입니다. DJ는 마이크 앞에서 불특정 다수의 청취자를 동시에 만납니다. 방송이 공공재로 희소성이 있던 시절에는 공적인 성격이 강조되어 단정한 진행을 선호했지만, 요즘은 옆에서 이야기를 해주는 듯 친밀한 진행자를 좋아합니다. 라디오를 듣다 보면 DJ가 마치 나에게 이야기하는 것 같은 기분이 듭니다. 분명 여러 사람에게 말을 하고 있는데 말이지요. 청취자는 진행자에게 친밀감을 느끼며 다가갑니다. 아는 사람에게 자기 이야기를 하듯이 게시판에 사연도 올리고 실시간으로 문자도 보냅니다.

저는 강의 요청을 받으면 당일 조금 일찍 현장에 갑니다. 시설이나 분위기를 살펴봐야 하니까요. 한 번은 너무 일찍 도착한 적이 있었는데 무대 세팅이 한창이었습니다. 어디를 다녀오기도 번거로워서 그냥 객석 뒷자리에 앉았습니다. 무대를 바라보니 이곳에 올 청중들이 어떤 사람들일지 궁금해졌습니다. 무엇을 얻고자 여기까지 오는 걸까? 내 강의를 듣고 어떤 느낌을 받을까? 그런 생각을 하니 객석의 한 자리 한 자리가 무게 있게 느껴졌습니다. 무대에서 보면 청중은 여럿 가운데 하나이지만, 그는 바쁜 시간을 쪼개서 이 자리까지 와준 고마운 '단 한 사람'이라는 생각이 들었지요. 그러자 청중의 많고 적음을 떠나 존재만으로도 감사하게 되었습니다. 그날 이후 저는 강의가 있는 날이면 늘 객석에 잠깐이라도 앉아 강단에 서기 전 마음을 정돈합니다.

직접 청중이 되어보면 많은 것을 느낄 수 있습니다. 사람들이 듣고 싶은 말만 편집해서 들을 수도 있음을 알게 됩니다. 관심 없는 이야기는 흘려보낼 뿐입니다. 잡념에 빠져 생각이 딴 데 가 있으면 앞에서 열심히 말하는 강사의 모습이 무성영화의 한 장면처럼 보입니다. 이때 조용하게 듣고 있는 청중의 머릿속에서 울리는 목소리가 바로 '제2의 청중'입니다.

제2의 청중, 그 정체는 무엇일까요? 누군가가 하는 말을 1분 정도 들어보세요. 어떤 생각이 떠오르는지요? 그 이야기에 온전히 집중할 수 있습니까? 말하는 사람만큼 내 안에서도 여러 가지 소리가 울리고 있음을 알아채셨는지요? 여기서 내 안의 소리가 제2의 청중입니다. 목사님들은 앞에 앉아 있는 청중과, 그들의 머릿속에 있는 제2의 청중을 동시에 상대하고 있다는 사실을 이해해야 합니다.

성도들은 어떨 때 '딴생각'에 빠질까요? 어떤 일로 고민에 빠졌을 때 설교에 집중하지 못합니다. 마이크에서 잡음이 나거나 본문 말씀 자막이 잘 안 넘어갈 때, 앞자리에 앉은 교인이 슬며시 뒤로 나갈 때 등등 예배 진행이 매끄럽지 않을 때도 그렇습니다. 마지막으로 설교 내용에 공감이 되지 않을 때, 논점이 분명하지 않을 때, 적절하지 않은 예화를 사용할 때 어김없이 머릿속에 제2의 청중이 찾아옵니다. '방금 목사님이 하신 말씀과 지금 이 예화가 어울리나?' 이런 생각을 하다가 다음 말씀을 놓치는 거죠.

강대상에서 보면 설교 시간의 전체적인 분위기와 함께 한 사람 한 사람의 반응도 느끼실 겁니다. 물론 처음부터 끝까지 집중하며 설교를 듣는 성도들이 훨씬 많습니다. 목사님 역시 저절로 그분들에게 눈을 맞추며 설교를 하게 되지요. 하지만 성도라는 청중의 특징, 그리고 예배당에는 다양한 청중이 있다는 사실을 이해하면 말하는 입장에서 놓치기 쉬운 것들을 알게 됩니다. 간혹 목사님이 청중으로 이야기를 들을 기회가 있다면 이전보다 더욱 적극적으로 그 입장이 되어보세요. 연사의 어떤 점이 마음을 끄는지, 어떤 점이 거북한지 청중의 입장에서 느껴보는 것은 좋은 경험이 됩니다.

성도는 특별한 청중

설교를 준비하고 말씀을 전할 때 목사님은 청중인 성도를 얼마나 인식하십니까? 본문 말씀을 정하고 묵상하고 원고를 작성하는 중에 성도는 어디쯤 자리하고 있을까요? 최종본이 완성된 후에야 떠올리는 건 아닌지요? 그렇다면 성도들을 수동적인 수용자로만 인식하고 있는 겁니다. 설교 준비를 할 때 성도는 제일 먼저 고려해야 할 요소입니다.

'어떤 말씀을 전할지'를 생각하는 것만큼 '어떻게 하면 성도들이 더 잘 받아들일지'를 고민해야 하는데 이 반응에 대해 사소하지만 중요한 이야기를 나누어볼까 합니다. 성도들은 설교를 듣다가 '아멘'이라고 합니다. 말씀에 화답하는 소리에 목사님은 힘이 납니다. 한편 추임새 같은 '아멘'도 있습니다. 성도들에게는 습관이 되고 목사님에게는 익숙해진 아멘이어서는 안 될 일입니다. 이 아멘에 지나치게 익숙해지면 목사님이 교회 밖을 나와 다른 곳에서 설교할 때 반응 없는 청중 앞에서 당황할 수 있습니다. 또한 성도들에게 편안함을 넘어서 무감각해진다면 문제가 생깁니다. 설교 중에 반응을 끌어내기 위해 하는 말들이 있습니다. "옆 사람에게 '평안하세요' 인사하시기 바랍니다." "아멘 소리가 작네요. 다시 한번 아멘 하시겠습니다." 목사님이 아멘을 반복해서 유도하면 끌려간다는 기분이 들 수도 있습니다. 설교 사이사이 성도들이 말씀을 정리할 수 있는 포즈를 주어야 하는

데 그 짧은 순간이 목사님이 주도하는 아멘으로 채워질 때가 있습니다. 말씀에 전적으로 공감했다기보다 잘 듣고 있다는 신호로 아멘 하는 것은 습관일 뿐입니다.

성도들은 최고의 청중입니다. 적극적으로 말씀을 들을 준비가되어 있는 사람들이니까요. 다른 강연에서는 '강사가 무슨 얘기를 하나 보자' 팔짱을 끼는 태도를 취하지만 교회에서는 목사님의 말씀을 반갑게 맞이합니다. 일주일 동안 각자 일상을 살다 주님 앞으로 나아와 은혜 받기를 간절히 바랍니다. 목사님이 오늘은 어떤 설교를 하실까 기대합니다. '빈 들에 마른 풀같이 시들은 나의 영혼'에 말씀이 내리기를 기도합니다. 지식보다는 감화 감동을 받기 원하지요.

청중들은 연사와 일대일로 소통하는 느낌을 받는다고 했는데, 성도들은 훨씬 더 그런 경향이 있습니다. 설교는 하나님이 오늘 내게 주시는 말씀이기 때문입니다. 성도들은 말씀을 들으며 자신의 삶에 비춰봅니다. 예배 후 소모임에서 기도 제목을 나누며 이런 이야기를 나눕니다. "아까 말씀을 듣는데 지난주 내내 고민하던 문제와 연결이 되었어요." "아이 때문에 속상했는데 오늘 말씀을 통해서 예수님이 저를 위로하시는 것 같아서 눈물이 났어요."

성령께서 가르쳐주신, 말씀으로 나를 성찰하는 능력이지요. 이처럼 성도들은 열린 마음을 지닌 적극적인 청중입니다. 또한 목사님과, 교회 지체들과 일상 가운데 연결된 청중입니다. 서로의 삶을 지켜보며 말씀을 나누고 적용하는 공동체적인 청중입니다. 성도들은 목사님이 어떤 분인지, 어떤 삶을 살고 있는지 알기에 설교에 대해 객관적인 평가를 하지 않습니다. 열린 마음으로 은혜 받기를 기다립니다. 그러니 목사님은 성도들의 지지 속에서 말씀을 전하는 한편 긴장의 끈을 놓지 않으시기를 바랍니다.

성도들의 자리에 앉아보세요

아직도 예배당에 나무로 만든 장의자가 있는 교회가 많습니다. 장의자에 앉으면 왠지 몸가짐이 가지런해지고 말씀에 경청하게 되지요. 목사님 교회에는 어떤 의자가 있습니까? 이번 주에는 성도들의 자리에 앉아보시기를 권합니다.

텅 빈 예배당은 고요합니다. 목사님의 발소리만 들리겠지요. 장의자에 앉아 강대상을 바라봅니다. 오늘은 말씀을 전하는 사람이 아니라 말씀을 듣는 사람입니다. 그동안 성도들에게 나의 말은 어떻게 들렸을까 생각해봅니다.

· 내게 성도들은 어떤 존재인가? 성도들에게 나는 어떤 존재인가?
· 나는 말씀의 통로인 중간자 역할을 제대로 했는가?
· 내가 알고 있는 지식을 이해하기 쉬운 말로 전했는가?

이런 점들을 헤아리며 지난주 설교를 다시 들어보세요. 장의자에 앉아 있으면 마음이 따뜻해질 것입니다. 그 자리에 말씀을 사모하는 마음, 목사님을 신뢰하는 누군가의 마음이 깃들어 있을 테니까요.

6

설교의 맛
: 핵심 메시지 정하기

설교를 하다 보면 내가 무슨 말을 하고 있는지 모를 때가 있어요.

 핵심 메시지를 정하지 못했기 때문입니다. 무슨 말을 하는지 명확하지 않으면 맥락을 놓치게 됩니다. 짧은 이야기라도 핵심이 있어야 합니다. '다 잊어버려도 이거 하나만큼은 꼭 기억하기를 바라는 것', 그것이 핵심 메시지입니다.

맛과 그릇

가끔 이런 질문을 받습니다. "설교는 내용이 중요하지 말로 포장하는 게 아니잖아요?" 맞습니다. 기본적으로 내용이 중요합니다. 말씀을 영의 양식이라고 한다면 상차림보다는 본질적으로 맛이 중요하지요. 하지만 아무리 맛있는 음식이라도 어울리지 않는 그릇에 담는다면 어떨까요? 그래서 저는 이렇게 답합니다. "물론 말만 그럴듯하면 안 되겠지만 그렇다고 거칠게 전달해서는 안 될 것 같아요."

설교 스피치의 그릇 만들기도 그러합니다. '말씀의 통로를 닦아내 걸림돌이 생기지 않게 한다'는 측면에서 생각해야 합니다. 발성법 때문에 쉰 목소리가 나거나, 이상한 리듬을 타거나, 낭독하듯 원고를 읽는다면 전달에 문제가 생기게 마련입니다. 설교를 정갈하게 전달하기 위해 말씀을 담는 그릇에 대한 고민을 해야 하지요. 음식만 맛이 있으면 괜찮을까요? 대접에 따라놓은 커피, 밥그릇에 깎아놓은 과일, 유리잔에 떠놓은 된장찌개를 상상해보세요. 음식에 잘 어울리는 그릇에 담아 내놓을 때 더 맛있게 느껴지지요.

이처럼 내용과 형식의 균형을 잡는 것도 중요하지만, 무엇부터 고려할지 먼저 앞뒤 순서를 정해야 합니다. 음식을 만들 때 바로 주방에 들어가지 않습니다. 어떤 자리에서 누가 먹을 음식인지를 우선 고려합니다. 가족과의 저녁 식사인지, 부모님 생신상인지, 친구들이 모이는 파티인지 목적에 맞춰 메뉴를 짜고 장을 보고 주방에 들어가 요리를 합니다. 상차림은 요리가 끝난 뒤해도 늦지 않습니다.

스피치도 요리와 같습니다. 무슨 말을 할지보다 어떤 상황에서, 누구에게, 왜 그 말을 하는지 먼저 생각합니다. 그래야 거기에 맞춰 말의 재료를 정할 수 있습니다. 여기까지가 말하기의 준비과정입니다.

이런 과정이 있어야 말의 뼈대를 잡고 의미 있는 스피치를 할수 있습니다. 그런데 많은 이들이 스피치를 요리하는 법이 아닌 그릇 세팅 같은 것이라고 여깁니다. 이는 모든 음식을 일률적으로 예쁜 그릇에 담으려고 하는 것과 마찬가지입니다. 음식에 따라 그릇도 달라져야 합니다. 과일은 접시에, 된장찌개는 뚝배기에 담아야 제맛이지요. 하지만 순서가 바뀌어서는 안 됩니다. 누구를 대접하는지, 자리의 성격에 따라 메뉴를 정한 뒤에 그릇을 선택합니다. 이처럼 대상과 목적을 정하고 세부사항을 맞춰나가는 것입니다. 음식과 그릇이 어우러져야 맛도 있고 멋도 있게 식사를 할 수 있듯이 설교도 내용과 전달방식을 균형 있게 맞추어야 합니다. 둘 다 갖추기 어렵다면 저는 우선 맛을 택하라고 권하고 싶습니다. 상차림은 호화로운데 한입 먹어보니 맛이 없으면 다시는 그 식당에 안 가지요. 반대로 좀 허름하고 그릇도 투박하지만 맛이 기막히다면 그곳을 다시 찾을 것입니다.

음식의 본질은 맛에 있지만 그릇도 중요하다는 사실을 잊지 마세요. 설교는 영의 양식이고, 스피치는 말씀을 더 깊이 음미하게 해주는 그릇이기 때문입니다. 커뮤니케이션을 통해 맛도 있고 스피치 기술로 멋도 있는 말씀을 전하시기를 바랍니다.

내용의 맥락 만들기

스피치를 음식에 비유한다면 이렇게 생각할 수 있습니다.

- 어떤 음식을 만들까?　→　어떤 이야기를 할까?
- 함께 먹을 음식 정하기　→　함께 나눌 이야기 정하기
- 주재료　　　　　　　　→　주제와 소재
- 주메뉴　　　　　　　　→　핵심 메시지

위의 내용을 CBS TV「올포원」에서 소개된 설교를 통해 설명해보려 합니다. 「올포원」은 제가 진행하고 있는 프로그램인데요. 하나의 주제를 세 분의 목사님이 나란히 설교하고 패널들과 그 주제로 대화를 나누는 시간입니다. 하나의 주제를 세 분이 다르게 펼쳐가는 것을 비교하며 볼 수 있어서 일선 목사님들이 설교를 준비하거나 말씀 전달하는 방법을 모니터하고 참고하기 좋습니다.

「올포원」의 설교는 8분 정도로 일반 주일 설교보다 훨씬 짧습니다. 압축해서 말씀을 전하기 때문에 주제가 매우 간결하고 내용이 집중력 있게 전달됩니다. 그중 18회 방송분 '교만과 열등감' 편을 소개해보겠습니다. 김관선·김문훈·서정오 세 분 목사님들이 출연하셨어요. 누구도 완전히 자유롭지 못한 '교만'과 '열등감'이라는 주제를 세 분의 목사님이 각자 어떻게 풀어갈까요? 그 핵심 메시지와 전개되는 구성 방식을 비교하며 살펴보겠습니다. 먼저 첫 번째 문을 여신 김관선 목사님의 설교 전문을 옮겨봅니다.

● **첫 번째 말씀**(사도행전 3:4~7)

김관선 목사(산정현교회)

저에게는 교만과 열등감이 늘 공존하고 있다는 생각이 듭니다. 뭘 조금 잘했다 싶으면 이내 교만해지고 오늘처럼 이렇게 서정오 목사님이나 김문훈 목사님 옆에 서면 열등감을 느끼는 그런 목사입니다. 사실 남들보다 잘나간다는 생각이 들면 우쭐댈 수 있거든요. 그런 사람은 작은 실수에도 오래 자책하고 거기서 잘 헤어나지 못합니다. 목사는 더 그럴지도 몰라요. 오늘 설교를 망쳤다 싶을 때면 강단에서 내려오는 것 자체가 쉽지 않아요. 그런데 어떻게 하겠어요. 내려온단 말이에요. 그때는 표정관리를 더 잘하는 거죠. 태연스럽게 딱 내려왔는데… 놀랍게도 하나님이 위로하세요. 뜻한 바대로 설교를 못 했는데, 어떤 분이 제 손을 잡고 "목사님, 지난 한 주 동안 고민하던 문제가 깨끗하게 해결됐어요" 그러십니다. 그러면 순간 위안을 받고는 그새 또 우쭐대기 시작해요. 이렇게 롤러코스터 타듯 교만과 열등감 사이를 오가는 게 인생인지도 모르겠습니다.

저는 학창 시절 줄서기를 하면 늘 앞에 섰습니다. 키가 작았거든요. 키 큰 사람들 앞에 서면 늘 열등감이 들었습니다. 그런데 하나님이 그런 저를 위로해주시려고 그런지 저보다 8센

티미터나 더 큰 배우자를 만나 살게 하셨습니다. 아내와 다닐 때마다 꽤 우쭐했어요. '나 이런 사람이야.' 그런데 큰아이가 태어나고 중학교 1학년이 되자 아들은 아내보다 12센티미터가 더 컸어요. 제 딸은 저보다 5센티미터가 더 큽니다. 한마디로 우리 집에서 제가 제일 귀엽습니다. 식구들 거느리고 다닐 때면 예전에 작아서 느꼈던 열등감이 좀 없어지더라고요. 그러니까 사람들에게는 조금 낫다 싶으면 우쭐대고 조금 못하다 싶으면 기가 죽는, 이 두 가지가 공존한다는 생각이 듭니다. 저 자신이 목사인데도 여전히 그렇습니다.

오늘은 베드로 이야기를 하려고 합니다. 베드로에게도 교만과 열등감이 늘 공존하지 않았나 싶습니다. 오늘 본문은 사도행전 3장의 말씀이에요. 나면서부터 걷지 못하는 사람을 베드로가 예수님 이름의 능력으로 벌떡 일으키잖아요. 베드로와 요한이 성전에 올라가다가 구걸하는 그 사람을 만납니다. 그때 베드로가 말합니다. "은과 금은 내게 없지만…." 생각해보십시오. 많은 사람이 물질에 열등감을 가지고 삽니다. 자본주의 사회에서, 더구나 국민소득 3만 달러 시대의 나라에서 이 열등감이 얼마나 사람을 주눅들게 합니까? 그런데 여러분, 요즘에는 소비 행태가 달라졌다고 합니다. 예전에는 돈이 있어야 명품을 샀는데 이제는 돈이 없어도 산다고 해요. 대학생들이 알바를 해서 말입니다. 그게 뭘까요? 그렇게 해서라도 열등감을 상쇄하고 싶은지도 모르겠습니다.

초대교회 사도였던 베드로와 요한에게는 은과 금이 없었어요. 하지만 사도들과 초대교회 성도들은 열등감에 사로잡히지 않았어요. 왜냐하면 내게 은과 금은 없을지라도 세상이 흉내낼 수 없는 진정한 힘이 있다. 은과 금으로도 해결이 안 되는 문제를 해결할 수 있는 힘이 있다. 그게 무엇이냐? 예수 그리스도의 능력이었어요. 그 능력이 열등감을 치료해주는 거죠. 열등한 사람들을 일으킬 수 있었습니다.

그런데 그다음에 무슨 일이 일어납니까? 많은 사람이 몰려왔어요. 베드로와 요한의 능력을 보고 함성을 지르잖아요. 우쭐할 수 있는 순간이지요. 그런데 베드로는 "왜 우리를 쳐다보느냐? 우리의 힘이 아니야. 나사렛 예수님을 바라봐라. 그분의 능력이었다"라고 합니다. 베드로는 완전히 건강해진 상태를 보여주고 있지요. 교만함도 열등감도 뛰어넘었어요. 은과 금이 없었지만 열등감에 빠지지 않았고 예수님 이름의 능력으로 큰일을 했을 때 우쭐대지도 않는 수준으로 올라갔지요.

거슬러 올라가 시몬 베드로의 처음 모습을 생각해볼까요? 요한복음 1장에서 그는 안드레를 따라 예수님께 나아가지요. 그때 예수님은 이 보잘것없는 녀석을 무시하지 않습니다. "장차 게바라 하리라" 하시며 미래를 활짝 열어주셨어요. 사실 물고기 잡으면서 평생 이렇게 살다 죽으리라 생각했던 그에게 열등감이 왜 없었겠습니까? 그런데 예수님을 만나는 순간 변화되었죠. '내가 지금은 볼품없고 가난하지만 예수님 안에서 내 미래가 이렇게 열리는구나.' 이런 메시지를 품게 된 베드로는 그때부터 자신감 있게 살아갈 수 있었는지도 몰라요.

여러분, 그 뒤에 베드로가 "주는 그리스도시오. 살아계신 하나님의 아들입니다"라고 고백했을 때 예수님이 "빙고!" 하셨어요. '기가 막히다. 맞다!' 말씀하시니까 베드로가 우쭐할 뻔했잖아요. 그런데 예수님께서 뭐라고 하셨어요? "이것을 너에게 알게 한 분은 네가 아니고 하늘에 계신 아버지시다." '그러니까 네가 남보다 잘 알고, 제대로 된 믿음을 가졌다 할지라도 우쭐댈 이유가 없다.' 바로 예방약을 투여하셨죠. 그리고 나서 베드로는 예수님이 십자가에 대해 말씀하시자 바로 또 매달리면서 "그런 일이 일어나면 안 되죠"라고 합니다. 그러자 예수님이 뭐라고 하셨나요? "사탄아, 내 뒤로 물러나라."

보십시오. 마태복음 16장을 보면 베드로가 우쭐댈 수 있고 잘못된 길을 가려고 할 때 예수님이 정확하게 컨트롤해주세요. '지금 이건 사탄을 돕는 일이야'라고 깨우쳐주기도 하고 '네가 우쭐댈 일이 아니라 하나님의 은혜야'라고 바로 잡아주시잖아요. 예수님이 십자가에 못 박히기 전에 "너희가 다 나를 버릴 것이라"고 하셨을 때 베드로가 유일하게 큰소리칩니다. "다 주님을 버려도 나만은⋯." 이게 바로 교만이잖아요.

그런데 그 교만이 여지없이 거꾸러집니다. 베드로는 예수님을 세 번이나 부인하거든요. 그때 여러분, 얼마나 초라했겠어요. 부활하신 예수님은 눈도 맞추지 못했을 그에게 다가와 다시 그 열등감을 치료하시고, 사랑을 고백하게 하시고, 다시 믿어주시고, 다시 세워주시잖아요. 그런 다음에, 정말 예수님이 약속하신 성령의 충만함을 받고 난 다음에, 은과 금이 없어도 열등감에 시달리지 않고, 큰일을 해도 교만하지 않는 수준으로 가지 않습니까?

결국 우리의 열등감이나 교만이란 예수님을 제대로 만나지 못하면서, 예수님이 내게만 준 특별한 은사가 있는데 그걸 찾아내지 못하면서 생기는 거지요. 예수님을 제대로 만난 베드로는 열등감도 교만도 다 넘어서는 건강한 그리스도인의 모습을 보여주었습니다. 이 자리에 있는 방청객 여러분이나 방송을 듣는 분들도 예수님을 제대로 만나면 열등감에서 벗어날 수 있다고 믿습니다. 하나님이 내게 주실 것들이 있고요. 이미 주신 것도 있어요. 또 우리를 통해서 큰일을 하셨을 때, 내가 한 것이 아니라 주님이 하신 것이다. 그렇게 건강한 자세를 지키게 될 줄로 믿습니다. 아멘.

핵심 메시지	예수님을 제대로 만나면 교만과 열등감에서 벗어날 수 있다.
구성	목사님의 열등감 고백.
	자본주의 사회에서 사람들이 느끼는 열등감.
	예수님을 만난 뒤 제대로 변화된 베드로.

설교는 크게 세 부분으로 나누어집니다. 먼저 키가 작아 열등 감을 느꼈다는 경험을 나눕니다. 사람들은 각자의 열등감을 생각해보며 공감하게 됩니다. 솔직한 고백이 마음을 열어주지요. '나만 그런 게 아니라 누구나 콤플렉스가 있구나' 안도하게 됩니다.

다음으로 자본주의 시대를 살아가는 현대인들의 물질적 열등 감에 대해 말합니다. 반면 사도들은 하나님의 능력을 믿어 열등 감에서 자유로웠다고 하는데, 이 대목에서 신앙인으로서 우리가 어떤 마음가짐을 가져야 할까 생각하게 됩니다.

마지막으로 베드로가 예수님을 제대로 만난 후 어떻게 달라졌 는지 다루고 있습니다. 설교의 핵심 부분이지요. 사람들이 기적 을 베푼 베드로에게 열광했을 때, 그가 겸손하게 하나님께 영광 을 돌리는 모습을 보고 옛날 베드로의 언행과 비교합니다. 예수 님을 제대로 만난 후 우쭐대지 않고 그러면서도 당당하게 사역 을 펼쳐나간 베드로를 통해 교만과 열등감에서 벗어날 수 있는 해법을 제시하고 있습니다. 우리도 예수님을 제대로 만난다면 괴로운 감정에서 벗어나 겸손하고 당당하게 살 수 있다는 희망을 주며 마무리합니다. 김관선 목사님의 설교 내용을 한 문장으로 압축해 말한다면 이렇게 요약될 것입니다.

예수님을 제대로 만나면 교만과 열등감에서 벗어날 수 있다.

스피치의 내용을 한 문장으로 간단히 표현한 것을 핵심 메시지라고 합니다. 스피치의 흐름상 여러 이야기가 나오지만 가장 중요하게 강조하는 문장을 말하지요. 스피치를 준비하거나 전할 때 이 핵심 메시지를 찾는 것은 무척 중요합니다. 핵심 메시지를 한 줄로 줄이지 못한다면 말이 중구난방으로 흘러가고 듣는 사람은 이리저리 끌려다니게 됩니다. 평소에 말이 두서없다면 목표한 방향이 없기 때문입니다. 여행의 목적지를 확실히 정하지 않고 떠나면 정처 없이 방황하게 되는 것처럼 스피치도 목표지점을 정하고 시작해야 합니다.

이제 두 번째 설교를 소개합니다. 이 설교의 핵심 메시지가 무엇인지 생각하며 읽어보세요.

● 두 번째 말씀(잠언 29:23)

김문훈 목사(포도원교회)

구약을 보면 "교만은 패망의 선봉이요, 거만한 마음은 넘어짐의 앞잡이니라"라는 말씀이 있습니다. 신약에는 "심은 대로 거둔다"라는 말씀이 있어요. 무엇이든 법칙이 있습니다. 수학에는 공식이 있고 과학에도 법칙이 있고 싸움에도 규칙이 있습니다. 구약의 대표적인 법칙이 '교만하면 망한다'인데, 왜 교만하게 될까요?

저는 성경 인물 가운데 교만과 열등감 사이를 수없이 오가다 회복된 사람이 히스기야 왕이라고 생각해요. 히스기야 왕은 전쟁이 일어나자 하나님께 기도해서 대승을 거두죠. 그런데 호사다마好事多魔라고 죽을병에 걸렸습니다. 그리고 하나님께 간구해서 15년을 더 살잖아요. 전쟁에서 대박, 건강에서 대박… 그런 좋은 경험을 하다 보니까 역대하 32장 24~26절을 보면 히스기야 왕이 순간적으로 교만해지는 거예요.

여러분, 사람이 넘치게 복을 받으면 그냥 순간적으로 우쭐합니다. 히스기야처럼 전쟁에서 대승하고 건강을 되찾는 기적을 체험하면 마구 자랑하고 싶어집니다. 그럴 때 사탄이 한순간 마음에 들어와 우쭐하게 되지요. 히스기야 왕이 잘한 일이 빨리 회개한 거예요. 그렇게 마음을 돌이키고 하나님의 은혜에 감사하니까 하나님께서 네 생전에는 어려운 일 안 당하게 해주겠다고 하십니다. "히스기야가 마음의 교만함을 뉘우치고 예루살렘의 주민들도 그와 같이 하였으므로 여호와의 진노가 히스기야의 생전에는 그들에게 내리지 아니하니라"(역대하 32:26). 생전에 복을 주겠다는 말씀입니다. 히스기야 왕은 교만하기도 했고 회개도 해봤던 그런 사람입니다.

어느 권사님 댁에 심방을 갔는데 가훈이 '오버하지 말자'였습니다. 하나님보다 성령보다 기도보다 앞서지 말자. 좌로나 우로나 치우치지 말자. 균형을 유지하자는 것이지요. 교만과 열등감은 종이 한 장의 차이입니다. 저는 어릴 때 콤플렉스가 많았어요. 외모가 불만이었죠. 별명이 말상이었어요. 그런데 창세기 1장을 보니까 제 모습이 말상이 아니라 하나님의 형상이더라고요. 말상과 형상은 달라요. 저는 살아가면서 느끼는 것이 하나님의 은사와 부르심에는 후회하심이 없다는 사실입니다. 주신 대로, 받은 대로, 생긴 대로 살아가면 되는 것입니다. 제가 뭐 이렇게 태어나게 해달라고 작정 기도를 한 적도 없는데 태어나 보니 시골이었고 사투리가 심했고 이렇게 말상이었지요. 그런데 주신 대로 살아가자 합니다. 하나님께서 뜻이 있어서 나를 이렇게 만드셨다. 주신 대로 살자. 그렇게 해보니까 되더라고요.

저는 오히려 처음부터 너무 겸손하려고 하면 그게 거짓말이라고 봅니다. 있는 그대로 하나님 앞에 살다 보면 때로는 엎어지고 실수하고 창피당하고 그런 과정을 통해서 서서히 만들어지지요. 서서히 우리의 중심을 만들어가시는 분이 하나님이십니다.

제가 아는 군종 중에 별 4개인 분이 있는데 그 부대의 구호가 멋집니다. 따라합시다. "비비불불하지 말고 용감미인 대칭하라." '비교하지 마라, 비판하지 마라, 불평하지 마라, 불만하지 마라, 용서하라, 감사하라, 미소를 띠어라, 인사성을 가지라, 대화하라, 칭찬하라'는 뜻입니다. 첫 구호가 비교하지 마라죠? 그렇습니다. 비교하는 바람에 비참해지는 것입니다. 왜 저 사람은 키가 크고 왜 나는 작을까? 왜 저 사람은 머리가 좋고 나는 왜 이렇게 바보 같을까? 비교하면 슬퍼집니다. 비판은 하나님만 하시는 것입니다. 사랑하고 존경하고 섬기며 살다보면 무언가가 되는 거예요.

이런 말이 있어요. '하나님을 보면 믿음이 생기고 사람을 보면 열등감이 생긴다.' 사람 말을 듣고 이리 가고 저리 가다 보면 자꾸 열등감에 빠져요. 비교선상에 놓이지요. 수위 조절을 잘해야 합니다. 배가 운항할 때 평형수가 적절하지 않으면 기울어져 순간 전복되거든요. 마음도 수위 조절을 잘해야 합니다. 기고만장, 안하무인, 오만방자 이런 쪽으로 기울어지지 않도록 히스기야처럼 금방 뉘우치고 회개하고 돌이키면 평형수

가 빨리 유지됩니다. 겸손을 감당하고 성실을 감당하는 그런
사람은 어디 가든지 사랑 받고 축복 받습니다. 기도하겠습니다.

핵심 메시지	남과 비교하지 말고 하나님께서 만들어주신 그대로 나를 인정하고 받아들이자.
구성	교만과 열등감은 종이 한 장 차이다(예: 히스기야 왕).
	하나님께서 나를 지으신 그대로를 받아들이자.
	비교하면 비참해진다. 마음의 평형수를 유지하라.

김관선 목사님이 에너지 넘치게 직선적으로 말씀을 전하는 스
타일이라면 김문훈 목사님은 현장의 분위기를 유쾌하게 만드
는 강점이 있습니다. 원고에 얽매이지 않고 청중과 호흡하며 흐
름을 잡아가기 때문에 흡인력이 있지요. 김문훈 목사님의 설교
도 크게 세 부분으로 구성되어 있습니다. 먼저 전쟁에서 승리하
고 병을 이겨낸 히스기야 왕이 우쭐했다가 금방 회개한 이야기
를 살펴보며 교만과 열등감이 종이 한 장 차이라는 사실을 강조
합니다.

다음으로 하나님께서 나를 지으신 뜻이 있으니 주신 대로 살
아가기를 권면합니다. 하나님의 은사와 부르심에는 후회가 없으
시다는 말씀으로, 있는 그대로의 나를 받아들일 수 있도록 위로
합니다. 목사님이 지닌 열등감을 고백함으로 듣는 이와 소통하

고 있습니다.

마지막으로 '비교하면 비참해지니 마음을 잘 조절해야 한다고 말합니다. 히스기야 왕처럼 교만해졌다 싶으면 속히 뉘우쳐 겸손하게 늘 마음의 평형수를 유지하라는 당부와 축복으로 마무리합니다. 김문훈 목사님 설교의 핵심 메시지는 무엇일까요?

남과 비교하지 말고 하나님께서 만들어주신 그대로 나를 인정하고 받아들이자.

잘난 것도 주신 은사요, 못난 것도 그리 만드신 뜻이 있을 테니 있는 그대로의 나를 사랑하자는 메시지입니다. '비교의식'은 원인이고 '교만과 열등감'은 현상이며 '하나님의 뜻 인정하기'는 해결방법입니다. 위의 핵심 메시지에는 원인과 현상과 해결책이 모두 담겨 있습니다.

● **세 번째 말씀**(사사기 43:1)

서정오 목사(동숭교회)

설교는 항상 맨 마지막에 하는 게 불리해요. 앞에서 다 말해 버렸기 때문에요. 그래도 정리할 수 있는 행복이 제게 있습니다. 교만은 어디서 오는 걸까? 열등감은 또 어디에서 오는 걸까? 결론부터 이야기하면 앞서 두 분 목사님이 말씀하셨습니다만 비교의식에서 오는 것이지요. 비교하다 보면 교만도 생기고 열등감도 생깁니다. 비교해서 자신의 가치를 발견하려고 하는 사람은 결국 비교했는데 '내가 좀 낫다' 그러면 우월감, 또는 교만으로 갈 거고요. 비교했는데 '내가 좀 뒤쳐진다' 그러면 분명 열등감, 심지어 열등감이 심해지면 자살까지도 갈 수 있습니다. 사실 교만과 열등감 이 두 가지는 하나의 뿌리에서 나온 겁니다. 비교의식에서 교만이나 열등감이 나왔다고 할 수 있지요.

비교한다는 것은 사실 과학적이고 합리적인 방법입니다. 물건의 가치를 어떻게 잽니까? 비교하는 것이죠. 물건의 길이를 재든지, 무게를 재든지 그래서 값을 매기잖아요? 하지만 사람은 비교해서 가치를 따질 수 없습니다. 물론 이력서를 보며 어느 학교를 나왔는지 스펙 등을 비교해서 평가하지만 실제로 그 판단이 정확한 것일까요? 그렇지 않을 때가 많습니다. 이유는 간단합니다. 인간은 존재 자체가 존엄하고 가치 있는 존재이기 때문에 그렇게 키가 크다든지, 어느 학교 나왔느냐, 실력이 어떠하냐, 이거 가지고 그 사람의 가치를 말할 수 없다는 거지요.

그런데도 우리는 엄마 뱃속에서 나오는 순간부터 비교당하고 비교하면서, 절망하기도 하고 우월감에 빠지기도 합니다. "야, 앞 동 몇 호에 사는 애 좀 봐라. 공부 얼마나 잘하냐?" "언니 좀 닮아라." 그러면 자존심 상하죠. 30명의 학생들이 있습니다. 내가 15등이에요. 30등 하는 친구가 옆에 오면 어떤 느낌이 들까요? '야, 너 공부 좀 해라.' 겉으로 말은 안 해도 속으로는 분명 그럴 거예요. 그런데 1등 하는 친구가 내 옆에 왔어요. '아… 난 왜 이렇게 머리가 나빠.' 열등감에 사로잡힐 거예요. 이건 누구나 교만할 수 있는 지점과 열등감에 빠질 수 있는 지점에 복합적으로 다 놓여 있다는 뜻이죠.

좋은 차를 타고 교회 주차장으로 들어와 차에서 내릴 때 어깨가 으쓱 올라가요. 그런데 누구를 만나 어떤 집사 이야기를 하는데, 그 집사 아이는 명문대를 한 번에 들어갔대요. 우리 애는 재수 삼수를 했는데도 거기 못 들어갔고요. 말하자면 자동차로 교만해졌다가, 애 생각을 하니 지옥으로 뚝 떨어지는 기분일 거예요. 또 조금 가다가 어떤 권사님을 만나요. 그 양반은 교회 나온 지 10년밖에 안 됐는데 벌써 사람들이 알아줘서 권사 물망에 올랐어요. 근데 나는 30년 교회 다녔는데 아무도 알아주는 사람이 없어요. 그럼 또 떨어지는 거예요. 다시 말하면 주차장에서 예배당까지 들어오는 동안에 그야말로 올라갔다 떨어졌다 하면서 예배당에 와서 앉아 있어요. 설교하려고 강단에 딱 서면, 다 그런 마음 갖고 앉아 있는 사람들인 거예요. 그래서 저는 제정신 갖고 예배드리는 교인들이 너무 고마워요.

이것을 푸는 방법이 뭘까요? 간단합니다. 비교하지 말고 하나님의 창조의식, 하나님이 나를 이렇게 지으셨다는 것에 대해 감사하며 살아가는 겁니다. 우리는 우리 자신에 대해서 불만을 가질지 몰라도 사실은 내가 생각하는 것보다 하나님은 나를 정말로 완벽하게 지으셨음이 틀림없어요. 내가 살아가는 데 필요한 모든 것을 한 치의 오차 없이 내게 주셨다는 사실을 우리는 믿어야 합니다. 그래서 다윗이 뭐라고 했어요? "나를 지으심이 신묘막측하심이라." 신기하고 묘해서 측량할 수가 없다는 거예요. 나는 불만이 있을지 몰라도 생각해보면 그 모든 것을 통해서 하나님이 당신의 사역을 이루어 가시지요. 제가 뭐 영화배우 할 것도 아닌데 이 정도면 된 거 아니에요? 재벌만큼 돈이 없어도 괜찮아요. 하루 세 끼 밥 먹고 살면서 하나님 주신 유용한 것들 헌금하고 가난한 사람들과 나누면 되는 거 아니에요? 그렇잖아요. 그것 가지고 우리가 열등감을 느낄 필요는 없다고 생각해요.

생각을 다르게 해보겠습니다. 나는 수학을 잘하지만 영어는 잘 못해요. 그런데 옆에 있는 친구는 영어를 잘하지만 수학을 잘 못해요. 아까 같은 경우에는 어떻게 됐을까요? 수학 이야기만 나오면 애는 열등감을 느낄 거예요. 영어 이야기만 나오면 나는 열등감을 느낄 거예요. 둘이 만나면 무슨 이야기를 할까요? 나는 수학 얘기만 해요. 그 친구는 영어 얘기만 해요. 왜? 꿀리고 싶지 않으니까. 교회에서도 마찬가지예요. 돈 좀 번 집사님은 구역예배 때 무슨 얘기를 할까요? 돈 얘기하겠죠. 가난하지만 신앙생활 잘하는 사람은 무슨 얘기하겠어요? 은혜 받은 얘기하겠죠. 왜요? 꿀리기 싫으니까.

그렇지만 관점을 달리하면 이럴 수 있습니다. "하나님이 나에게 수리능력을 주셔서 내가 수학은 잘하는 것 같아. 그런데 언어능력은 안 주신 것 같아. 나 영어 잘 못해. 그러니까 내가 너한테 수학 가르쳐 줄 테니 영어 나한테 가르쳐줄 수 있겠니?" 그럴 수 있잖아요. 하나님이 내게 재물의 은혜는 안 주셨어요. 그러나 영적인 능력은 주셨어요. 돈 있는 분들을 위해 기도하며 영적으로 도울 수 있잖아요. 하나님이 유효한 재물을 허락해주신 분들은 가난한 분들을 같이 도울 수 있잖아요.

우리 아버지는 농사를 지으셨어요. 어릴 때 저는 나뭇가지 접붙이는 일을 해봤어요. 돌배에 참배 붙이는 거 어떻게 하는지 아시죠? 참배의 가지를 잘라요. 그리고 돌배의 껍질을 T자로 잘라서 그사이에 끼워 넣어요. 그러니까 이쪽에도 상처가 있어야 하고, 저쪽에도 상처가 있어야 해요. 상처와 상처를 맞닿게 해서 묶어 놓으면, 며칠 지나 한 나무가 되는 거지요. 하나님은 어느 한 사람에게 모든 것을 다 주시지 않으셨어요. 나의 상처와 너의 상처가 맞닿을 때 우리는 함께 성숙해가는 거라고 생각해요. 나의 강점 때문에 하나님께 감사드리고, 동시에 나의 약점 때문에 하나님께 감사해요. 그래서 옆에 있는 사람과 더불어 살아갈 수 있기 때문이지요. 서로 다르기에 우리는 행복한 사람들입니다. 약점 때문에 너무 고민하지 마십시다. 비교하는 일 내려놓고요. 하나님이 나를 지으신 그대로를 사랑하며 감사하며 살아갔으면 좋겠습니다.

핵심 메시지	더불어 살아가도록 나의 장점을 살려 다른 사람을 돕는 데 사용하자.
구성	비교와 열등감의 뿌리는 하나인데 바로 비교의식이다.
	하나님께서 나를 지으신 모습 그대로를 사랑하자.
	나의 장점에 감사, 약점에 감사, 더불어 살아가는 기쁨.

서정오 목사님은 마지막 정리 설교를 하시며 앞선 두 분의 설교를 근거로 우리가 나아가야 할 방향에 대해 말씀을 합니다. 교만과 열등감이 어디에서 오는지 진단하고 어떻게 풀어나갈 수 있을지 방법을 제시합니다.

먼저 교만과 열등감은 '비교의식'이라는 한 뿌리에서 나온 감정임을 진단하고 있습니다. 물건은 과학적으로 비교하여 가치를 매길 수 있지만 사람은 비교당할 수 없는 존엄한 존재임을 확인

합니다. 하나님께서 나를 지으신 섭리에 감사하며 살자고 자신감을 북돋워줍니다. 또한 내게 주신 은사가 있으면 내가 갖지 못한 것도 있음을 인정하자고 합니다.

여기까지가 교만과 열등감에 대한 진단이었다면 이제 풀어가는 방법을 들려주는데요. 내 부족함과 상처를 통해서 더 나은 세상을 만들어가도록 이끄시는 하나님의 뜻을 전하고 있습니다. 이 설교문의 핵심 메시지는 결론부에 있습니다.

더불어 살아가도록 나의 장점을 살려 다른 사람을 돕는 데 사용하자.

내 장점을 자랑하는 데 쓰지 말고 다른 이의 약점을 보완하도록 돕는 데 사용하라. 즉, 남에게 없는 것이 내게 있다면 함께 나누라고 주신 하나님의 뜻이라 여기며 살아가라는 메시지입니다. 진단과 해법으로 구성이 잘 짜여 있고요. 솔직담백하고 일상성을 지닌 예화들이 공감을 이끌어냅니다. 준비하신 설교 원고에서 크게 벗어나지 않고, 원고 자체가 말의 흐름에 맞게 단문으로 작성되어서 쉽게 이해할 수 있습니다. 현장에 있는 성도들과 소통하는 자연스러움과 소박함도 큰 매력입니다.

세 분 목사님의 설교를 함께 살펴봤는데요. 설교문을 글로 읽었지만 목사님들의 목소리로 말을 듣는 듯한 느낌이 들지 않으셨나요? 모두 설교 내용을 글로 정리하고 준비하셨지만 방송에서 설교할 때는 원고에 크게 매이지 않고 '말'로 전달하셨기 때문에 글로 옮겨도 말로 들립니다. 설교를 비교해보며 같은 주제라도 어떻게 접근하느냐에 따라 전개가 사뭇 달라질 수 있다는 사실을 알게 됩니다.

핵심 메시지와 포인트 잡기

답답한 얼굴로 이런 말씀을 하시는 목사님들을 자주 만났습니다. "하고 싶은 이야기가 분명히 있는데 그게 말로 표현이 잘 안 됩니다." "생각나는 대로 설교하다 보면 내가 무슨 말을 하고 있는지 모를 때가 있어요."

핵심 메시지를 정하는 데 실패했기 때문입니다. 어떤 이야기를 하는지 명확하지 않으면 맥락을 놓칩니다. 짧은 이야기라도 핵심이 있어야 합니다. 다시 한번 강조합니다. '다 잊어버려도 이거 하나만큼은 꼭 기억하기를 바라는 것', 그것이 핵심 메시지입니다. 내용을 줄이고 줄인 단 한 줄을 말하지요.

한 줄의 문장으로 압축될 때까지 메시지를 증류해보세요. 핵심 메시지가 머릿속에 또렷하게 그려져야 합니다. 그래야 성도들의 머릿속에도 데칼코마니 찍어내듯 똑같이 각인시켜줄 수 있습니다. 내용을 열거하다 방향을 잃고 표류할 때가 있는데요. 이

또한 목적지, 핵심 메시지를 정확히 모르기 때문입니다. 핵심 메시지를 잡는 건 곧 이야기의 포인트 잡기입니다. 말씀의 포인트를 어디에 둘지 살펴본 뒤 거기서 메시지를 추려내는 것도 방법입니다.

포인트는 주제를 가리키는 표지판입니다. 양궁에서 과녁을 말하는 거지요. 다음 문장에서 핵심 정보는 무엇일까요?

다윗이 물맷돌을 던져 골리앗을 쓰러뜨렸다.

정답은? 없습니다. 힘주어 소리를 내는 부분에 따라 의미가 달라집니다.

- 다윗이 물맷돌을 던져 골리앗을 쓰러뜨렸다.
  → 승자가 다윗이라는 사실이 중요.

- 다윗이 물맷돌을 던져 골리앗을 쓰러뜨렸다.
  → 패자가 골리앗이라는 사실이 중요.

- 다윗이 물맷돌을 던져 골리앗을 쓰러뜨렸다.
  → 다윗이 지지 않고 골리앗을 쓰러뜨렸다는 것이 중요.

- 다윗이 물맷돌을 던져 골리앗을 쓰러뜨렸다.
  → 다윗이 물맷돌을 이용했다는 사실이 중요.

이 짧은 문장 하나에서도 핵심적으로 전달하려는 부분이 있습니다. 그러면 자신도 모르게 그 부분을 강조해서 말합니다. 잘 들리도록 톤을 높이게 되지요. 긴 이야기도 마찬가지입니다. 반드시 들어갈 내용을 포인트로 잡고 거기에서 핵심 메시지를 만들어봅니다. 국어 시간에 배웠던 주제 찾기를 떠올려볼까요? 주제가 전반적인 내용을 함축하는 말이라면 핵심 메시지는 그 주제를 한 문장으로 줄인 것입니다. 설교 제목을 정하는 것과는 다르지요. '내가 처음 예수님을 만났을 때'라는 주제로 성도들과 3분 스피치를 한다면 많은 이야기가 나올 것입니다. 집회에서 성령을 체험했다, 병상에서 주님을 만났다, 어머니의 오랜 기도로 교회에 나오게 되었다 등등 같은 주제라도 핵심 메시지는 여러 가지가 나올 수 있습니다.

이제 핵심 메시지를 어떻게 정리하는지 실습해보겠습니다. 다음의 글을 읽어보세요. 핸드폰 스톱워치로 읽는 데 시간이 얼마나 걸렸는지 체크합니다. 보지 않고 말로 전해야 하니 내용을 숙지하며 눈으로만 천천히 읽어보세요.

요셉은 아버지인 야곱의 사랑을 독차지해 형들의 미움을 받는다. 그는 하나님이 주신 꿈을 믿는 소년이었다. 어느 날 요셉은 형들의 볏단이 자신의 볏단에 절을 하고, 열한 개의 별과 해와 달이 자신에게 절하는 꿈을 꾼다. 요셉에게 꿈 이야기를 들은 형들은 분노하며 동생을 노예로 팔아버린다. 이집트로 끌려간 요셉은 보디발 장군의 노예가 되지만 그 집안을 총관리하는 사람이 된다. 그런데 보디발의 아내가 그를 유혹하게 되고 요셉은 오히려 누명을 쓴 채 감옥에 갇히고 만다.

감옥에서도 하나님을 의지하며 살아가던 그는 그곳에서 이집트의 왕 바로를 모시던 시종장들을 만나 그들이 꾼 꿈을 풀이해준다. 그 가운데 술 빚는 관원은 요셉의 말대로 다시 왕을 보필하게 되었지만 왕궁에 간 뒤 그를 잊어버린다.

수년 뒤 바로는 마른 곡식이 잘 여문 곡식을, 바싹 여윈 소들이 살진 소들을 먹어치우는 꿈을 꾸고 근심에 싸인다. 이집트의 술객들이 이 꿈을 풀지 못해 왕이 노여워할 때, 술 빚는 관원이 감옥에서 만났던 요셉을 기억해낸다. 바로 앞에 선 요셉은 앞으로 7년 동안 풍년이 있고, 이후 7년 동안 극심한 흉년이 들리라고 꿈을 풀이한다.

요셉의 지혜에 탄복한 바로는 그를 총리에 임명한다. 총리 요셉은 풍년에 곡식을 모으고, 흉년이 이어지자 이집트와 주변 국가의 백성들을 먹인다. 그리고 마침내 식량을 얻고자 이집트에 온 가족들과 재회하게 된다. 하지만 요셉은 형들을 벌하지 않고 그들을 용서하고 위로한다. 삶의 주관자가 하나님이심을 알았기 때문이다.

요셉은 하나님 안에서 자신이 당한 고통의 의미를 찾고자 했다. 형제들이 죄를 저질렀지만 이를 통해 일하시는 하나님의 섭리를 깨닫게 되었다. 요셉은 모든 것을 바로잡았다. 예수님처럼 생명을 구원하는 일에 자신을 쓴 것이다.

읽는 데 몇 분 걸리셨나요? 이제 이 이야기를 정리해서 소리 내어 말로 전달해보겠습니다. 1분을 드리겠습니다.

어떠셨나요? 1분이 짧았던 분도, 충분했던 분도 있을 것입니다. 어떤 차이 때문일까요? 내용을 처음부터 끝까지 전달하려 했으면 시간이 부족했을 겁니다. 문장을 외워서 옮기려고 했다면 어려우셨을 거고요. 문장을 그대로 읽으면 2분 정도 걸리는데 1분 안에 전달하기는 쉽지 않죠. 요약해야 합니다. 중요한 정보와 그렇지 않은 정보를 걸러내며 내가 먼저 내용을 이해해야 합니다. 이 내용을 간략히 정리해보았습니다.

소년 요셉은 아버지의 사랑을 독차지한다. 형들은 요셉의 꿈 이야기를 듣고 분노해 동생을 이집트의 노예로 팔아버린다. 보디발 장군의 집에서 노예로 일하면서도, 누명을 써서 감옥에 갇혔을 때도 요셉은 하나님을 의지하며 살아간다. 그리고 바로가 꾼 기이한 꿈을 해석하여 애굽의 총리가 된다. 요셉의 꿈풀이처럼 큰 풍년과 흉년이 찾아오고, 각지의 사람들이 이집트로 곡식을 구하러 오는데 요셉의 형제들도 찾아오게 된다. 요셉은 다시 만난 형제들을 벌하지 않고 오히려 용서한다. 고난을 통해 일하시는 하나님을 신뢰했기 때문이다.

내용을 이해했으면 전달할 때 필요한 정보들을 가려봅니다. 먼저 위에 있는 요셉의 이야기 중에서 사실에 해당하는 부분을 정리해볼까요?

① 아버지의 사랑을 독차지해 형제들에게 시샘을 받던 요셉은 형들의 모략으로 이집트에 노예로 팔려간다.

② 요셉은 보디발 장군의 집으로 들어가 성실하게 일했지만, 누명을 쓰고 감옥에 갇힌다.

③ 요셉은 감옥에서 술 빚는 시종장의 꿈 이야기를 듣고 그가 곧 사면되리라고 말해준다.

④ 애굽의 왕 바로는 기이한 꿈을 꾸고 근심에 빠진다. 술 빚는 관원의 소개로 바로 앞에 간 요셉은 꿈풀이를 해주고 이집트의 총리가 된다.

⑤ 요셉의 말대로 풍년과 흉년이 각각 찾아오고, 각지의 사람들이 애굽으로 곡식을 구하러 오는데 요셉의 형제들도 찾아오게 된다.

⑥ 요셉은 형제들을 벌하지 않고 용서한다.

위의 여섯 가지는 어떤 해석도 들어가지 않은 사실입니다. 이를 토대로 요셉에 대해 설명한 부분을 덧붙여봅니다.

① 요셉은 하나님이 주신 꿈을 믿는 소년이었다.

② 요셉은 어떤 상황에서도 하나님을 신뢰하고 의지했다.

③ 요셉은 형제들이 죄를 저질렀지만 이를 통해 일하시는 하나님의 섭리를 깨닫고 그들을 용서한다.

④ 요셉은 모든 것을 바로잡았다. 예수님처럼 생명을 구원하는 일에 자신을 쓴 것이다.

이 이야기의 포인트는 무엇일까요? 이 글의 내용을 줄이고 줄여서 한 줄로 어떻게 표현하시겠어요? 이때 자신이 해석한 글의 내용에 따라 핵심 메시지는 달라질 수 있습니다.

① 요셉은 고난을 통해 일하시는 하나님을 믿고, 형제들을 용서한 사람이었다.

위의 문장은 요셉이 고난 가운데서도 얼마나 하나님을 믿고 의지했는지 소개하는 데 초점을 맞춘 것입니다.

② 진정 하나님을 의지하는 사람은 악을 악으로 갚지 않고 선으로 악을 이긴다.

위의 문장은 하나님을 진정 의지한다면 인생의 역경을 이겨낼 수 있음을 강조하고 있습니다. 요셉을 하나님을 전적으로 신뢰하고 의지한 사람으로 소개하고, 그가 어떻게 선으로 악을 이겨냈는지 보여주고 있습니다.

　핵심 메시지를 ①번 문장으로 정했다면 요셉의 인생 스토리에 더 집중해야 하고요. ②번 문장으로 정했다면 요셉의 인생 중 여러 정보를 생략하고 중요한 내용만 간추려야 합니다. 설교의 성격이나 듣는 대상에 따라 이야기를 재구성하겠지요. 이렇게 같은 본문도 핵심 메시지에 따라 내용과 구성이 달라집니다.

　설교 준비는 손님을 맞아 음식을 준비하는 일과 같다는 데 동의하시나요? 다시 한번 정리합니다. 주재료는 주제와 소재, 주메뉴는 핵심 메시지입니다! 이번 주에 목사님은 어떤 생명의 양식을 준비하실까요. 예배라는 잔치에 초대 받아 성도들이 말씀을 음미하는 모습을 떠올려봅니다.

핵심 메시지 정하기

이 장에서 나누었던 내용들을 바탕으로 목사님의 지난주 설교문을 한번 점검해보세요.

- 설교의 주제와 소재는 무엇인가요?
- 본문 말씀은 어떤 구절입니까?
- 설교의 핵심 메시지는 무엇입니까?
- 핵심 메시지를 전달하는 데 스피치의 흐름은 적절했습니까?
- 의도한 대로 되지 않았다면 어떤 이유일까요?
- 핵심 메시지를 효과적으로 전달하기 위해 설교의 흐름을 어떻게 잡는 게 좋을까요?

7

설교의 멋
: 어떻게 말할까?

목소리, 좋아질 수 있을까요?

 성대는 타고난 것이라 드라마틱하게 변하지는 않아요. 하지만 사용법을 알면 지금보다 더 좋은 목소리로 바뀔 수 있습니다. 그전에 먼저 우리는 자신의 목소리가 어떻게 들리는지 알아야 합니다. 다른 사람이 듣는 내 목소리와 내가 듣는 내 목소리는 다르거든요.

보이스 트레이닝

스피치의 단계를 작곡과 연주에 빗대어 생각해봅니다. 작곡가가 곡을 쓰고 악보를 그리는 것을 스피치 원고 작성 단계라고 한다면, 연주자가 공연하는 것은 스피치 전달 단계라고 할 수 있습니다. 얼마나 연습했느냐에 따라 기량 차이가 있겠지요? 악보를 따라가기에 급급하면 실수하지 않고 무대를 마치는 것으로도 감사한 일입니다. 악보를 숙지했다면 음악의 결을 표현하는 데 집중할 것입니다. 곡의 감정을 전해주기 위해 연주자가 먼저 작곡자의 의도를 파악해야 합니다. 곡의 큰 흐름과 세밀한 부분도 익혀야겠지요.

목회자도 무대 위의 연주자와 같습니다. 성도들과 자유롭게 소통하며 메시지를 전하려면 연주자가 악보를 숙지하듯 설교 내용을 머릿속에 새겨야 합니다. 그렇지 않으면 악보에 의존해 자유롭게 연주할 수 없습니다. 작곡가가 악보를 그리듯 원고 준비를 마쳤다면 이제 전달 단계로 들어갑니다. 이는 연주자가 악보를 보며 연습하는 것과 같은 과정입니다. 이 장에서는 설교 전달의 기초를 탄탄하게 하는 '보이스 트레이닝'을 소개하고, 실제 전달에 필요한 억양, 포즈, 감정 표현을 살펴보겠습니다.

『하논』은 피아노 연습 교재입니다. 단순한 선율을 반복해 치면서 손가락을 유연하게 풀어주고 열 손가락에 고루 힘을 주도록 구성되어 있습니다. 연주에 필요한 기초 근력을 키워주지요. 열심히 하면 기초가 탄탄해지지만 같은 멜로디를 위아래로 계속 두드리다보니 재미가 없기는 합니다. 스피치에도 비슷한 훈련이 필요합니다. 스피치의 기초 근력을 키우는 보이스 트레이닝입니다. 꼭 필요하지만 지루하고 힘이 듭니다. 끈기 있게 연습해야 숙달이 되는데, 변화가 금방 나타나지 않으니 조금 하다가 그만두는 사람이 많습니다. 하지만 보이스 트레이닝은 반드시 필요합니다. 기초공사를 잘해야 그 위에 무엇을 쌓아도 쉽게 흔들리지 않습니다. 한 번에 해내겠다는 욕심을 버리고 조금씩 투자한다는 마음으로 꾸준하게 익혀두어야 합니다.

보이스 트레이닝은 호흡, 발성, 발음으로 나누어집니다. 스피치의 그릇을 만드는 이 과정은 머리로만 이해하면 안 됩니다. 숨을 쉬고, 소리를 내고, 음가를 만들며 몸으로 익혀야 합니다. 평소에 우리는 편하고 익숙한 방식으로 말을 합니다. 내용은 생각하지만 말이 담기는 형식, 즉 말의 그릇에 대해서는 별로 신경을 쓰지 않지요. 호흡, 발성, 발음에 문제가 있다면 지금까지 그렇게 해온 방식, 즉 말버릇이라서 쉽게 바뀌지 않습니다.

사실 버릇 하나 고치기가 얼마나 어렵습니까? 저는 요즘 걸음 걸이를 바꾸려고 노력하는 중입니다. 지금까지 발바닥 바깥쪽에 힘을 주며 걸어서 균형이 무너졌다는 전문가의 조언을 듣고 발바닥 전체를 내딛으며 균형 있게 걸으려 하고 있습니다. 몇 달째 연습하는데 신경을 안 쓰면 예전 습관이 그대로 나옵니다. 얼마나 더 노력해야 할지 모르지만 건강을 위해 바른 걸음걸이를 꼭 몸에 익히려고 합니다. 여하튼 몸에 밴 것을 바꾼다는 게 얼마나 어려운지 실감하고 있습니다.

"배웠는데 왜 안 될까요?" 안 되는 게 당연합니다. 배웠다는 것은 내용을 알게 되었다는 것일 뿐, 실제로 할 수 있느냐는 다른 문제입니다. 배운 것을 몸에 배게 하려면 노력이 필요합니다.

호흡, 스피치의 절대 기본

호흡의 원리

먼저 호흡법에 대해 알아봅니다. 호흡^{呼吸}은 말 그대로 숨을 들이마시고 내쉬는 것입니다. 우리는 굳이 호흡법을 몰라도 지금까지 숨을 잘 쉬며 살아왔지요. 그런데 왜 배워야 할까요? 말을 한다는 것은 공기를 마시고 공기에 소리를 얹어 뱉어내는 일입니다. 호흡하는 과정에 소리를 실어 나르는 것이죠. 그래서 호흡은 스피치에서 가장 기초가 됩니다. 교회 성가대를 해봤다면 지휘자에게 호흡법을 배웠을 거예요.

"호흡은 가슴으로 숨 쉬는 흉식호흡과 배로 숨 쉬는 복식호흡이 있어요. 공기를 담을 때 주로 어느 부분을 사용하느냐에 따라 달라집니다. 흉식호흡을 하면 숨을 쉴 때 가슴이 움직이고 복식호흡은 아랫배가 나왔다 들어갔다 합니다."

지휘자가 시범을 보이면 따라서 일제히 숨을 깊이 들이쉬었다 내쉬었다 했지요. 목회자들은 성가대를 직접 지휘하거나 찬양을 인도하는 경우가 많으므로 성악가나 전문 강사처럼 복식호흡을 하면 좋습니다.

우리는 폐를 사용하여 숨을 쉽니다. 학창시절 생물 시간에 호흡의 원리를 배울 때 유리병 고무풍선 모형을 보셨을 거예요. 유리병 속에 있는 고무풍선은 폐, 고무막은 횡격막, 유리관은 기도입니다. 고무막에 달린 끈을 아래로 당기면 유리관에 공기가 들어와 풍선이 부풀어 오릅니다. 공기가 빠져나가면 고무막도 제자리로 돌아오고 풍선도 작아지지요. 호흡기관도 이와 같습니다. 횡격막이 내려오면 폐에 공기가 담기고 공기가 빠져나가면 폐도 부피가 줄어듭니다.

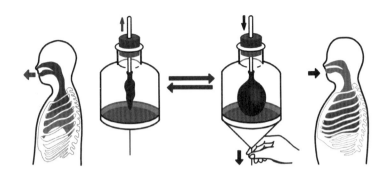

　복식호흡을 배웠다고 하지만 원리를 제대로 이해하는 사람은 많지 않습니다. 배에 힘을 주면 된다거나 배를 볼록하게 나오게 해야 한다고 알고 있지요. 말은 복식호흡이지만 느낌을 그렇게 가지라는 뜻이지 진짜 배에 공기가 담기지는 않아요. 흉식호흡과 복식호흡, 둘 다 공기를 담는 부분은 폐입니다. 다만 담는 방식이 다릅니다. 흉식호흡을 하면 횡격막이 가슴 쪽으로 올라가서 폐가 충분히 부풀지 못해 공기를 많이 담을 수 없습니다. 복식호흡을 하면 횡격막이 내려가면서 폐가 부풀 수 있는 공간이 생겨 공기를 많이 비축할 수 있습니다. 이때 배가 볼록하게 나오는 것은 횡격막이 내려가면서 배의 장기가 있는 공간이 좁아지며 앞쪽으로 나오기 때문입니다. 배에 일부러 힘을 주어 내미는 것과는 차이가 있습니다.

　복식호흡을 배울 때 횡격막의 움직임을 느껴보세요. 횡격막이 내려가면 배가 나오지만 반대로 배가 나온다고 모두 횡격막이 내려가는 건 아닙니다. 배를 내밀고 배에 힘을 주라고 배웠다면 원리를 모른 채 그냥 따라한 것입니다. 복식호흡을 제대로 해서 공기를 많이 들이마시면 자연스레 배 둘레에(등 부분까지) 튜브처럼 빵빵하게 공기가 들어차는 느낌을 받습니다. 똑같이 공기가 차올라도 배에 억지로 힘을 주는 것과는 다른 느낌입니다.

횡격막을 내리라는 말이 막연할지도 모르겠습니다. 횡격막은 우리 몸속에 있는 근육이지만 평소에는 잘 느끼지 못하지요. 그런데 횡격막이 존재감을 나타낼 때가 있습니다. 딸꾹질할 때입니다. 횡격막이 뭔가에 자극을 받아 급격히 수축하면 딸꾹 소리를 내지요. 그러면 가슴에서 움직임이 느껴지는데 그 부분이 횡격막입니다. 복식호흡이나 심호흡할 때도 마찬가지입니다. 숨을 깊게 들이쉬고 내쉬다 보면 가슴이 시원해지는데 횡격막이 내려가면서 공간을 넓게 확보해주기 때문입니다.

이런 질문을 받은 적도 있어요. "배에 힘을 억지로 준 것과 다른 느낌이라는데 잘 모르겠어요. 화장실 가서 힘을 주는 것과는 어떻게 다른가요?" 좋은 질문입니다. 좀 민망하지만 중요한 이야기이니 나누어볼까요? 스피치는 몸으로 하는 것이라 내 몸에서 일어나는 변화들을 예민하게 알아차려야 합니다. 배변할 때는 가슴 근육, 횡격막, 복부 근육 등이 일제히 배를 압박합니다. 이때 폐에 공기가 가득 차면 가슴의 횡격막을 아래로 밀어 압력을 가하기 때문에 호흡을 잠시 멈추게 됩니다. 그런데 복식호흡할 때는 횡격막이 내려가면서 배 앞쪽 부분에 살짝 긴장감이 느껴지는 정도로만 힘이 들어가야 합니다. 몸의 긴장이 풀리고 이완되며 편안한 느낌이 들어야 합니다.

복식호흡으로 바꾸면 생기는 일들

여기서 근본적인 의문부터 풀고 가겠습니다. 왜 복식호흡을 해야 할까요? 평상시에 대화할 때는 문제가 없습니다. 성량이 크지 않아도, 호흡량이 많지 않아도 불편하지 않습니다. 하지만 청중 앞에서 말할 때는 상황이 달라집니다. 소리에 힘이 있어야 전달력이 높아집니다. 마이크가 있어도 기본 성량이 있어야 합니다. 성량을 키우려면 호흡이 뒷받침되어야 합니다. 호흡이 모자라면 원하는 곳까지 소리를 끌고 가지 못해 말이 끊어지며 숨이 찹니다. 떨리기라도 하면 호흡이 더 가빠지지요. 말하기 불안 증상이 와도 심호흡을 하며 호흡량을 확보하면 목소리에 여유를 찾고 마음도 진정시킬 수 있습니다.

제가 아는 어떤 목사님은 본인의 설교 영상을 몇 편 보고 깜짝 놀랐다고 합니다. 설교의 하이라이트인 결말부에서 감정이 고조되어 목소리가 자꾸 높아지는 것이었습니다. 원래 목소리가 얇고 고음인데 말씀의 주제를 강조하는 대목에서 더 그렇게 된다고 했습니다. 여유가 없으니 어미 처리가 불분명해지고 말이 빨라졌습니다. 영상 속에서 자신의 모습은 숨이 넘어갈 듯 불안해

보였습니다. 호흡이 모자랄 때 흔히 볼 수 있는 모습입니다. 숨을 쉴 수 있는 공기의 양이 충분하지 않으면 말이 끊기고 그걸 숨기려다 보니 소리가 높아지고 빨리지는 것입니다. 스피치나 노래할 때 사용하는 공기의 양은 병사가 가진 총알의 양과도 같습니다. 전투에 임할 때 총알을 준비하듯이 말을 할 때도 공기의 양이 충분해야 원하는 만큼 이끌어갈 수 있습니다.

수도꼭지에 연결된 호스 끝자락을 잡고 물을 뿌린다고 생각해 보세요. 어떻게 해야 멀리 뿌릴 수 있을까요? 수도꼭지와 호스 끝자락은 떨어질수록 좋고, 호스를 꽉 쥐어 물줄기를 가늘게 만들수록 물은 멀리 뻗어 나갑니다. 목소리 전달의 이치도 마찬가지입니다. 물은 공기에, 호스 끝자락은 성대에 비교할 수 있는데요, 수도꼭지에서 호스 끝이 멀수록 물의 압력을 덜 받아 잡는 힘을 조절하기 쉽습니다. 호스가 짧다면 물이 한꺼번에 뿜어져 나올 수밖에 없지요. 물의 압력이 높아 호스 끝을 야무지게 잡을 수도 없고, 물줄기를 가늘게 뽑아내기가 어렵습니다.

말을 할 때도 숨을 끌어오는 위치가 멀수록 성대로 전해지는 압력을 조절하기 쉽습니다. 가슴을 확장시키는 흉식호흡보다는 성대와 좀 더 거리가 먼 배를 이용해서 숨 쉬는 복식호흡이 공기의 압력을 조절하기가 편하지요. 노래할 때 가늘게 고음을 뽑아 내는 사람은 공기를 조금씩 뱉어내면서 소리를 냅니다. 성대를 완전히 열지 않고 조여가면서 물줄기를 가늘게 뿌릴 때처럼 소리를 내는 거지요.

스피치를 배우면서 복식호흡이 중요하다는 말을 많이 들었을 겁니다. 스피치의 기본이라고 강조하지요. 하지만 왜 좋은지, 어떻게 해야 하는지 이해하지 못하기 때문에 그냥 흘려듣게 됩니다. 연습하고 익히지 않으면 지식으로만 남게 됩니다. 저도 방송을 배우던 신참 시절에 호흡이 중요하다는 선배들의 이야기를 수도 없이 들었습니다. 하지만 무엇이 중요한지 정확히 이해하지 못하니 절실하지 않았습니다. 몸에 익숙한 대로 얕은 숨을 쉬며 방송을 하면서도 나름대로는 복식호흡을 한다고 생각했습니다. 그러던 어느 날, 횡격막이 내려간다는 것이 어떤 느낌인지 깨닫게 됐어요. '유레카!'의 순간이었죠. 그런 뒤에 호흡이 편해지고 목소리가 안정되는 확실한 변화가 일어났습니다.

호흡의 중요성은 아무리 강조해도 지나치지 않습니다. 복식호흡은 해도 되고 안 해도 되는 선택이 아니라 필수입니다. 스피치의 그릇을 만드는 데 있어 80퍼센트가 호흡에 좌우될 정도로 결정적인 요인입니다. 단지 호흡의 길이나 편안함 이상의 문제입니다. 호흡이 안정되면 목소리까지 안정되기 때문에 지금보다 훨씬 울림 있고 듣기 좋은 목소리를 만들 수 있습니다. 곧 소개할 발성도 중요하지만 호흡이 뒷받침되지 않으면 좋은 발성을 내기 어렵습니다.

발성, 좋은 목소리 만들기

목소리에는 삶의 흔적이 있다

목소리의 재료인 호흡에 대해 살펴보았으니, 이제 호흡에 소리를 얹어 발성을 해보려고 합니다. 사람마다 목소리가 다 다릅니다. 각자 생김새와 지문이 다르듯이 하나님께서는 모든 이에게 고유의 목소리를 주셨습니다.

우리는 목소리를 듣고 성별과 나이를 짐작합니다. 남녀의 목소리나 어른과 아이의 목소리는 성대의 길이에 따라 달라집니다. 긴 단소보다 짧은 단소가 높은 소리를 내는데 성대도 그렇습니다. 성인 여성의 성대 길이는 12.5~17.5mm이고 성인 남성은 17~25mm라고 합니다. 남성이 여성보다 굵직한 목소리를 내는 것은 성대가 길기 때문입니다. 남자아이들은 급격히 성장하면서 변성기를 맞고 목소리가 변합니다. 우리는 목소리로 상대의 건강상태와 기분을 느낄 수도 있습니다. 사투리나 억양으로 고향을 가늠해보기도 합니다. 인생이 얼굴에 고스란히 나타나듯이 목소리에도 삶의 흔적이 배어 있습니다.

보이스 트레이닝에서 중요한 세 가지가 호흡, 발성, 발음이라고 했고요, 먼저 호흡과 관련해서 소리의 발생기인 폐를 살펴보았습니다. 폐에 담긴 공기가 기도를 타고 올라와 진동기인 성대를 통과하며 소리가 납니다. 성대는 소리를 낼 때 1초에 몇 번 진동할까요? 중간 음역대의 소리라면 1초에 440번 진동합니다. 성대 근육의 양쪽 막이 입술처럼 맞닿는데 1초에 수백 번 진동하고 만나며 소리가 납니다. 이때 근육의 단면은 깨끗하게 흠이 없어야 합니다. 말을 할 때 성대가 닫혀야 공기가 새지 않고 맑은 소리가 납니다. 그런데 여기에 상처가 나서 꽉 닫히지 않으면 공기가 섞여 나오지요. 성대 단면에 상처가 나서 울퉁불퉁해지면 허스키 보이스가 됩니다. 틈이 생긴 곳으로 소리와 공기가 같이 올라오기 때문에 쉰 목소리가 나는 것입니다.

「새롭게 하소서」를 진행할 때 초대손님으로 온 어느 여자 목사님이 생각납니다. 얼마나 열정적으로 목회를 하시는지 간증을 들으며 큰 감동을 받았습니다. 그런데 안타깝게도 목소리가 너무 쉬어서 곁에서도 알아듣기가 힘들 정도였습니다. 전도를 다닐 때 큰 소리로 말하다 보니 목 상태가 나빠졌고 이제는 쉬어도 나아지지 않는다고 했습니다. 무리한 발성으로 성대를 혹사한 것입니다. 목사님들은 올바른 발성법을 사용해야 긴 시간 편안하게 말할 수 있습니다. 건강은 건강할 때 지켜야 한다는 말이 있는데, 특히 목 건강은 한번 상하면 돌이킬 수 없으니 잘 관리해야 합니다.

목소리, 바꿀 수 있다

다음과 같은 질문을 많이 받습니다. "목소리는 타고나는 건가요?" "음성을 바꿀 수 있을까요?" 성대의 모양과 크기는 타고나는 것이어서 드라마틱하게 변하지는 않지만 사용법을 달리하면 지금보다 더 좋은 목소리를 낼 수 있습니다. 호흡법과 공명을 이용하는 법을 알게 되면 울림과 깊이가 달라져 다른 느낌의 목소리로 들립니다.

저도 목소리가 참 많이 바뀌었습니다. 얼마 전 짐 정리를 하다가 20여 년 전에 방송을 녹음한 테이프를 발견하고 틀어봤어요. 테이프 겉면에 분명 내 이름이 적혀 있는데 목소리가 너무 낯설었습니다. 오래 전에 녹음된 그 목소리는 지금과 확연히 달랐습니다. 막 입사했을 때 앳되고 가는 목소리 때문에 고생했습니다. 호흡과 발성을 배운 대로 해봤지만 잘 바뀌지 않았어요. 그때 교육을 해주던 선배가 포기하듯 말했습니다. "결혼하고 애기 둘은 낳아야 해결될 문제 같다." 목소리와 결혼이 무슨 상관이지? 그런 말을 하는 선배가 야속하기만 했습니다. 그런데 시간이 흐르면서 목소리가 변해갔습니다. 물론 그 선배의 말처럼 제가 결혼하고 아이를 낳았기 때문만은 아니겠지요. 시간을 가지고 꾸준히 노력하라는 것을 돌려서 말했다고 생각합니다. 방송을 계속하면서 복식호흡을 익히고 발성법을 바꾸며 목소리를 만들었고 지금도 사소한 것들을 다듬어가고 있습니다. 자신의 목소리가 마음에 안 든다고 포기하지 마세요. 제 경험으로 볼 때 관심을 가지고 노력하면 반드시 변할 수 있습니다.

자기 목소리를 녹음해서 들어보면 '내 목소리가 왜 이래?' 하실 겁니다. 낯설지만 녹음된 것이 다른 사람들이 듣는 내 목소리입니다. 같은 목소리지만 소리가 전달되는 경로가 다릅니다. 타인은 공기를 통해 전달되는 내 목소리를 듣지만 나는 자신의 목소리와 함께 두개골과 귓속의 기관을 울리는 진동음도 듣게 됩니다. 내 목소리를 녹음하면 입으로 나오는 소리만 녹음되고, 몸 안에서 울리는 진동음은 녹음되지 않기 때문에 다르게 들리는 것입니다. 녹음기에서 나오는 진짜 내 목소리에 익숙해질 때까지 많이 들어봐야 합니다.

발성을 연습할 때는 먼저 자기 목소리가 상대에게 어떻게 들리는지 객관적으로 인지해야 합니다. 휴대폰은 녹음도 간편하고 늘 손에 쥐고 있으니 정말 유용합니다. 요즘은 교회의 방송 장비가 좋아졌고 설교 영상도 많아졌지만 대예배가 아니면 촬영하지 않는 경우가 많아서 부목사님과 전도사님은 본인의 설교를 다시 보기가 어려울 수 있습니다. 그럴 때는 설교하면서 핸드폰에 녹음을 해두거나 녹화를 부탁해서 자주 모니터하시기 바랍니다. 평소의 짧은 대화도 녹음해서 들어보면 본인의 말 습관을 파악하는 데 큰 도움이 됩니다.

내 몸이 악기

호흡, 발성, 발음을 연습하다 보면 사람의 몸이 얼마나 좋은 악기인지 알게 됩니다. 그 어떤 악기도 사람의 노래만큼 아름답지 않지요. 선율뿐만 아니라 가사까지 전달합니다! 정말 하나님이 주신 최고의 악기이지요.

몸과 악기는 비슷한 면이 많습니다. 기타 줄은 성대에, 울림통은 얼굴에 비교할 수 있습니다. 목소리가 머리 전체를 울리고 나오니까요. 기타에 줄만 있고 울림통이 없다면 어떤 소리가 날까요? '띠링띠링' 줄을 튕기는 건조한 소리만 나겠지요. 피리에서 리드 부분만 떼어서 분다면 삐리삐리 소리가 시끄럽기도 하고 멀리 울리지도 않을 겁니다. 마찬가지로 성대만 이용해서 소리를 낸다면 무리한 생목소리에 종종 음이탈도 하게 되니 말하기도 듣기도 괴롭습니다. 입 안과 코 주변의 공명 기관을 잘 이용하면 똑같은 목소리로도 훨씬 울림 있는 소리를 만들 수 있습니다. 호흡을 이용해서 연주하는 색소폰 같은 관악기는 발음 기관과 구조가 비슷합니다. 리드를 입에 물고 공기를 불어넣으며 소리를 냅니다. 이때 리드 부분은 성대의 역할을, 색소폰 몸통은 울림통, 즉 후두 역할을 합니다.

악기는 이 울림통이 중요합니다. 기타의 몸통이 어떤 나무냐에 따라 동일한 기타 줄도 다른 소리를 냅니다. 바이올린 같은 현악기는 재질과 장인의 솜씨에 따라 가격도 천차만별이지요. 우리가 목소리를 낼 때도 울림통이 중요합니다. 연주자가 바이올린을 켜듯 우리도 울림통을 사용합니다. 수천만 원을 호가하는 바이올린도 초보 연주자가 들면 깽깽이 소리가 나고, 평범한 바이올린도 명연주자가 켜면 멋진 선율을 만들어냅니다. 악기 탓이라기보다 근본적으로 실력 차이지요. 우리 몸도 그렇습니다. 성대는 타고나지만 사용방법을 모르면 좋은 소리를 낼 수 없습니다. 성대가 튼튼하지 않아도 울림통을 제대로 사용할 줄 알면 목소리는 좋아질 수 있습니다.

울림통을 이용하는 법은 바로 공명을 이해하는 것입니다. 성악가는 공명으로 몸의 부분부분을 어떻게 깨워내는지 세밀하게 배웁니다. 말할 때는 그렇게까지 하지는 않겠지만 공명을 시킬 때와 그렇지 않을 때는 큰 차이가 있습니다.

입 안의 평수를 찾아라

공명을 시킨다는 것은 한마디로 입 안의 평수를 찾는 일입니다. 입 안의 공간은 생각보다 넓습니다. 하지만 평소에 우리는 이 공간 중 일부분만 사용합니다. 보통 이야기를 하면서 발음을 정확하게 하려고 신경을 쓰지는 않지요. 상대방이 다 알아들으니까 굳이 입을 크게 벌리지 않고 말합니다. 하지만 강단에서 좋은 목소리를 내기 위해서는 입 안의 공간을 적극적으로 활용할 필요가 있습니다.

이 부분은 목사님뿐만 아니라 성경 봉독이나 대표기도를 하는 성도들도 주목해야 합니다. 사실 발음이 정확하지 않아 웅얼웅얼 무슨 소리인지 못 알아 듣는 경우가 많거든요. 예배시간에 앞에 나와 말씀을 읽을 때는 누구나 경건한 마음을 가집니다. 하지만 발음이나 문장 중 포즈 등이 어색할 때가 많아요. 읽는 방법을 모르기 때문입니다. 그 방법이란 거창한 게 아니에요. '평소에 말할 때보다 입을 크게 벌리고 발음을 정확하게 해야 한다.' 이런 기본적인 지침을 주어야 성경 봉독이 공공의 말하기라는 점을 인식하고 더 자연스럽게 읽게 될 것입니다.

어떤 분이 그런 질문을 하셨어요. "스피치 강의에서 '입을 크게 벌리고 말하라'고 하는데 아나운서들을 보면 그렇게 말하는 사람은 별로 없더라고요." 정확하게 관찰하셨습니다. 아나운서들은 입을 크게 벌리고 말하지 않습니다. '입을 크게 벌리라'는 말은 자칫 잘못 이해하기 쉬운데요. 입술을 크게 움직이라는 말이 아닙니다. 입 안의 공간을 크게 확보하라는 뜻입니다. 입술은 소리를 내는 발성보다는 음가를 만들어내는 발음과 연관이 있습니다. '아'처럼 입술을 크게 벌렸을 때 입 안의 공간이 벌어지는 모음도 있지만 '이' '오' '우' 같은 경우 발음할 때 입술을 움직여도 발성에는 크게 도움이 되지 않습니다. 입 안의 공간을 만드는 발음이 아니거든요. 발성에서 '입을 크게 벌려라' 하는 말은 '입 안의 공간을 크게 만들어라'는 뜻입니다. 이해하기 쉽게 공간적인 개념으로 '입 안의 평수를 늘려라'고 설명하는 것입니다.

입 안의 평수를 찾으면 두 가지의 장점을 살릴 수 있습니다. 공명이 잘되어 울림 있는 소리를 만들 수 있고 발음도 시원하게 변화됩니다. 입 안에 공간이 충분한데도 활용을 안 한다는 것은 방 네 개가 있는 아파트에 살면서 방 하나만 쓰는 것과 다를 바 없습니다. 베란다를 확장하면 공간이 확보되듯 우리 입 안의 공간도 넓혀서 써야 합니다. 입 안에서 베란다에 해당하는 부분이 바로 '연구개(軟口蓋)'입니다. 분명 내 입 안에 있지만 평소에는 닫아두고 쓰지 않아서 창고처럼 되어버린 공간이지요.

이제 연구개가 어디 있는지 한 번 볼까요? 입을 다물고 맨 앞의 윗니 두 개에 혓바닥을 대봅니다. 거기에서 출발해서 입천장을 따라 올라가 보겠습니다. 입천장을 타고 올라가다 보면 이를 잡고 있는 딱딱한 부분이 느껴지지요? 바로 그 딱딱한 입천장을 '경구개(硬口蓋)'라고 합니다. 이어서 혀를 계속 옮겨 목구멍 쪽으로 넘기다 보면 딱딱한 부분이 끝나고 말랑말랑한 부분을 만납니다. 그 말랑한 입천장이 '연구개'입니다. 입천장은 이렇게 딱딱한 경구개와 말랑한 연구개로 나뉘어 있고요, 발성할 때 열어야 할 부분은 바로 연구개입니다. 연구개는 하품을 하거나 구토할 때 많이 올라갑니다. 하품을 한번 해볼까요? 입 안의 공간이 평소보다 상당히 커지지요? 말을 하면서 그곳을 가용 공간으로 활용해야 합니다.

지금까지 배운 것을 생각하면서 발성 연습을 해보겠습니다. 말할 때와 노래할 때의 발성은 다르지요. 아무래도 노래할 때 더 힘을 주고 소리를 뱉어낼 텐데요. 이 발성법을 말할 때도 적용해 보세요. 음정과 박자가 없더라도 그렇게 말을 하면 귀에 더 잘 들리는 목소리를 만들 수 있습니다. 노래할 때와 말할 때 내 몸의 상태가 어떻게 달라지는지 예민하게 느껴보세요. 스피치는 배운 내용을 직접 몸에 적용하지 않으면 소용이 없습니다. 소리를 낼 때 몸이 어떻게 작동하는지 자신이 정확하게 알고 있어야 합니다.

발음, 전달의 한끝 차이

발음 문제는 모음에 있다

보이스 트레이닝의 마지막 관문인 발음에 대해 알아보겠습니다. 발음은 소리의 음가를 만들어내는 것으로 혀와 입 안의 공간, 입술 모양을 통해 이루어집니다. 동물의 울음소리와 사람의 말소리는 모음에서 차이가 납니다. 동물의 소리는 호흡과 발성에서 끝납니다. 발음을 정확하게 하는 모음이 없기 때문에 사람처럼 말을 할 수가 없습니다. 송아지가 우는 소리를 우리는 '음매음매'라고 하고 미국인들은 'Moo Moo' 운다고 합니다. 한국소는 한국어를 하고 미국 소는 영어를 하기 때문일까요? 들리는대로 표현하는 사람의 언어가 다를 뿐이지요.

말은 하는데 무슨 말인지 알아듣기 힘든 사람이 있습니다. 목소리가 작아서 그럴 수도 있지만 발음이 좋지 않을 때도 그렇습니다. 발음을 만드는 데 중요한 역할을 하는 것은 모음입니다. 발음이 부정확하다면 대부분 원인은 모음에 있습니다. 자음은 입 안의 어느 지점에서 소리가 만들어지는지 이해하면 조음점을 알게 되지만 모음의 발음은 정확한 위치를 파악하는 한편 부지런히 움직여야 하는 수고가 따릅니다.

'가구'라는 발음을 한번 해볼까요? 두 글자 모두 받침이 없고 초성이 'ㄱ'으로 시작하며 모음만 '아'에서 '우'로 바뀝니다. 'ㄱ'은 연구개음(혓바닥 뒷부분이 연구개에 닿아 나는 소리)으로 발음하기 쉽지만 모음을 정확하게 발음하려면 입 모양과 혀의 위치를 바꾸어야 합니다. 입과 턱을 크게 아래로 떨어뜨리며 입 안의 공간을 넓게 만들어 '아'를 발음한 후 벌어진 입을 속히 다물고 입술을 모아 앞으로 내밀어야 '우' 발음을 할 수 있습니다. 평소에는 그냥 소리를 냈는데 설명을 하니 괜히 복잡해 보이죠? 가구라는 발음을 쉽게 하고 있지만 제 음가를 깨끗하게 내려면 입술을 더 부지런히 움직여야 합니다.

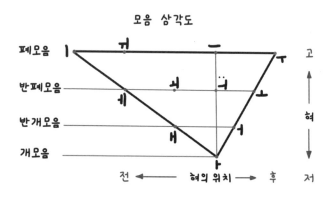

국어 시간에 배웠던 모음 삼각도입니다. 모음 사각도를 참고해도 좋습니다. 요즘 국어교과서는 말하기, 듣기 등 영역별로 잘 세분화되어 있습니다. 중학생 아들이 국어시험을 앞두고 발음을 공부하고 있는데, 곁에서 보니 제가 아나운서가 되어 교육받던 내용들이 잘 정리되어 있었습니다. 하지만 시험을 보느라 암기만 할 뿐 실제 발음할 때 어떻게 적용해야 하는지 몸으로 익히는 것 같지는 않았습니다. 게다가 한꺼번에 외운 것들은 시험이 끝나면 대체로 다 잊어버리잖아요? 정답을 쓴 대로 발음할 줄 모르니 안타까운 일이지요. 영어는 발음기호를 찾아보고 원어민 비슷하게 따라하려고 애씁니다. 그런데 영어 발음이 틀리면 창피해하면서 우리말 발음이 틀리면 그럴 수도 있지 합니다. 아이들이 달달 외우는 것 중 하나라도 기억했으면 하는 게 있다면 바로 모음 삼각도입니다. 이것을 숙지하면 대부분의 발음 문제는 해결할 수 있습니다. 자음은 'ㅅ''ㅎ' 정도가 어렵고 나머지는 대체로 쉬운데, 모음은 제대로 발음하는 경우가 드뭅니다. 아나운서들도 완벽하게 발음하기 위해 평생 노력해야 하지요. 발음에 문제가 있을 때는 모음 삼각도가 좋은 선생님이 되어줍니다.

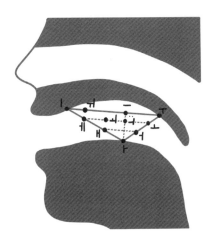

 모음 삼각도가 입에 들어가 있다고 가정한 그림입니다. 모음들은 각각 저 위치에서 소리가 납니다. 삼각형의 가로 부분은 혀의 위치를, 세로 부분은 혀의 높이를 나타냅니다.

'이'는 입을 다물 듯이 살짝 벌린 상태에서 혀 앞쪽 앞니 부분에서 소리가 납니다. 같은 방법으로 '으'와 '우'는 어떻게 발음해야 하는지 살펴볼까요? 혀의 높이는 비슷하지요? 입을 많이 벌리지 않고 발음하는 것은 '이'와 '으' '우' 모두 비슷합니다. 다만 혀의 위치에 따라 세 가지 발음이 달라집니다. 한 번 발음해보세요. '으'는 '이'보다 좀 더 뒤로 물러나 혀의 중간 부분에서 소리가 납니다. '우'는 목구멍 가까이에서 소리가 납니다. 확실히 다른 점이 느껴지죠? 그렇게 하나하나 표시된 대로 입 안의 정확한 지점을 찾아서 발음해보세요. 지금까지 잘 모르고 했던 발음이 어떻게 나는지 정확하게 이해할 수 있을 겁니다. 그리고 어떤 발음이 정확하게 안 나는지 찾아서 적용해볼 수도 있지요.

모음 삼각도는 사투리를 교정할 때에도 요긴하게 쓰입니다. 사투리로 하는 설교는 말을 알아듣기도 어렵고 억양 때문에 장시간 듣기도 힘들지요. 사투리가 심한 분들 중 발음이 잘 안되어 어려움을 겪는 경우가 있습니다. 부산이 고향인 제 친구는 오랜 서울 생활로 사투리를 거의 안 쓰는데 '성공'이라는 발음은 끝내 안 된다고 고백을 하더라고요. '성공'이 아니라 '승공'이라고 발음을 하는데 한참을 교정해도 잘 안 되었습니다. 그 원인을 모음 삼각도에서 찾아보면 이해가 조금 됩니다. '으'와 '어'의 장음인 '어'의 소리 나는 위치가 비슷해서입니다. 두 모음 모두 혀의 중간 부분에서 소리가 납니다. 다른 점은 혀의 높낮이 차이입니다.

'으' 보다 '어' 발음을 할 때 입의 공간이 더 넓어지고 혀는 아래쪽으로 더 떨어집니다. 입으로 발음하며 그 차이를 느껴보기 바랍니다. 발음 교정이 필요하다면 모음 삼각도를 살펴보면서 실제로 소리를 내보세요. 모음 삼각도 역시 머리로 이해하는 게 아니라 몸으로 익혀야 합니다.

여기까지 보이스 트레이닝의 세 단계를 살펴보았습니다. 나의 호흡법, 발성법, 발음 방식을 관찰하고, 배운 내용을 하나씩 꾸준히 적용해보세요.

말하듯이 노래하고 노래하듯이 말하라

말에도 음정과 박자가 있다

잠시 쉬어가볼까요? 어릴 때 했던 네 글자 외치기 게임입니다. 왜 그랬는지 주로 '모나리자'를 가지고 했어요. 설교 스피치 책이니까 오늘은 '할렐루야'로 해보겠습니다. 이 단어를 네 번 반복하며 소리를 내는데, 앞에서부터 한 글자씩 차례로 힘주어 발음하면 됩니다. 이렇게 말이지요.

할렐루야 할렐루야 할렐루야 할렐루야

어떠세요? 강조할 글자가 나오면 소리를 더 크게 내면서 음도 더 높게 내지요? 그런데 좀 이상합니다. 소리를 크게 낸다는 건 알겠는데 음을 높이 올린다니 무슨 뜻일까요? 말에도 음정이 있나요? 노래도 아닌데 말이지요.

말과 노래에는 공통점이 많습니다. 둘 다 호흡을 통해 소리를 만들어냅니다. 말할 때도 노래할 때도 호흡, 발성, 발음이 필요합니다. 다른 점은 무엇일까요? 노래할 때 악보에는 음정과 박자와 가사가 적혀 있지만 스피치 원고에는 가사에 해당하는 글자만 있습니다. 자유 스피치는 아예 원고도 없습니다. 클래식은 악보대로 연주하지만 재즈는 즉흥 연주입니다. 원고를 완벽하게 준비한 스피치는 클래식 연주에 가깝고, 기본 골격만 세우고 상황에 맞춰 말한다면 재즈 연주와 비슷하다고 할 수 있습니다.

노래와 말에는 또 하나의 공통점이 있습니다. 노래에 있는 음정, 박자, 셈여림이 말에도 있다는 사실입니다. 네 글자 외치기 게임을 떠올려보세요. 할렐루야라는 네 글자를 네 번 반복했지만 다 달랐습니다. 발음은 같지만 말의 높낮이를 달리했지요. 강조하는 부분에서 음량도 조금 커졌을 겁니다. 음가마다 길이는 비슷했을 테지요. 음악으로 치면 4/4 박자 정도가 됐을 겁니다. 노래의 음정, 박자, 셈여림을 말에도 적용해보겠습니다.

볼륨 조절하기

음악의 셈여림은 말의 크기, 볼륨입니다. 연주자는 악보에 나오는 p(피아노) f(포르테)를 보면서 강약을 조절해 음악의 극적인 효과를 더합니다. 말할 때도 목소리를 높여 세게 하거나 속삭이듯 조그맣게 하면 느낌이 달라집니다. 음악을 들으며 볼륨 조절할 때를 떠올려보세요. 목소리가 우렁찬 사람과 여린 사람은 기본 볼륨이 차이가 나겠죠. 그 성량을 바탕으로 부분부분 볼륨을 달리 조절하는 것을 스피치의 셈여림이라고 할 수 있습니다.

박자 맞추기

말의 박자는 말의 빠르기와 음절 하나하나가 내는 음가의 길이입니다. 말의 빠르기는 말의 진행속도입니다. 속사포처럼 쏟아지는 말이 있고 느릿느릿 흘러가는 말도 있지요. 말의 빠르기를 음악에 비유한다면 4/4박자나 3/4박자 같은 진행 박자와 라르고, 알레그로, 비바체 등의 템포라고 할 수 있습니다. 연주자는 전체적인 박자에 맞추어 음표를 하나하나 연주합니다. 말도 이런 연주와 같습니다.

예전에 저희 교회 전도사님이 첫 설교를 하던 모습이 생각납니다. 주일학교 전도사님이었는데 설교 실습을 위해 주일 오후 예배에 설교하게 되었지요. 긴장한 모습이 역력했는데 아니나 다를까 원고를 빠르게 읽고 있었습니다. 떨리는 심정은 이해했지만 무슨 말을 하는지 알아듣지 못해 집중하기 어려웠습니다. 설교를 듣는다기보다 응원하는 마음으로 그 자리에 있었고, 예배가 끝난 뒤 성도들은 전도사님을 격려해주었습니다.

설교를 다시 들으며 모니터해보세요. '오늘 설교에서 어느 부분부터 말이 빨랐어.' '음가가 나는 시간을 확보했다면 전달력이 훨씬 좋았을 텐데.' 이렇게 말입니다.

포즈 두기

쉼표는 말과 말 사이의 띄어 읽기, 그리고 문장과 문장 사이의 포즈입니다. 음악에서 쉼표는 꼭 필요합니다. 적절한 자리에서 쉬지 못하면 가수는 숨이 차고, 연주자들은 불협화음을 내게 됩니다. 말할 때도 쉼표는 꼭 필요하지요. 말하는 사람은 중간중간 숨을 쉬며 다음 말을 이어갈 호흡을 비축해야 합니다. 듣는 사람 입장에서 포즈, 쉼표는 왜 필요할까요? 문장의 내용을 이해하려면 적당한 곳에 포즈가 있어야 합니다.

포즈는 성도들에게 충분히 느끼고 공감할 여백을 주는 쉼표입니다. 포즈 없이 말을 쏟아내면 따라가느라 힘이 들겠지요. 중간에 내용이 전환되어 분위기가 바뀔 때도 충분히 쉬어야 합니다. 그래야 듣는 사람도 숨을 돌리고 내용을 정리할 수 있습니다. 포즈는 침묵의 쉼표처럼 보이지만 그 순간에도 많은 메시지가 전달됩니다. 단조로운 리듬보다 다양하게 변주되는 리듬에 흥이 나듯이 스피치도 적당한 리듬감과 포즈가 조화를 이루어야 합니다.

음정은 자연스럽게

다음은 가장 이해하기 어렵다고 하는 음정입니다. 억양은 음정의 한 종류입니다. 우리는 말을 하다가 강조하고 싶은 대목에서는 자연스럽게 한 음을 높이게 되는데 그것이 바로 음정입니다.

"지금 시각은 몇 시 몇 분입니다."

이런 안내 멘트를 들어보셨지요? 사람의 음성을 녹음한 것이지만 '지·금·시·각·은' 이렇게 한 자 한 자 따로 녹음해서 합성했기 때문에 소리를 붙여놓아도 왠지 어색하게 들립니다. 사람이 말했다면 '지금'과 '시각은' 사이에 포즈를 두겠죠. 또 높낮이에 따라 일정한 흐름을 만들었을 겁니다. 한국말의 표준 억양은 앞부분에 힘이 들어간 부드러운 능선의 모양입니다. 오선 위의 음표처럼 말로도 악보를 그릴 수 있습니다. 주기도문을 할 때 우리는 음악처럼 박자를 타고 음정을 냅니다. 예배시간에 시편 교독을 할 때도 목사님과 성도들이 운율 속에서 시로 찬송을 하는 듯한 느낌을 받죠.

한국어에는 음정이 없다고 생각하지만 강조할 부분은 자연스럽게 음정을 올려서 말합니다. 그런데 아이들이 말할 때 이상한 모습을 발견하곤 합니다. 친구들과 자연스럽게 수다를 떨던 아이가 앞에 나와서 자기소개를 하라고 하면 대부분 판에 박힌 억양으로 말합니다. "안녕✓하세요. 저는✓ ○○✓초등학교 ✓○ 학년 ✓○반 ✓누구입니다." 뒷부분을 이상하게 강조하며 올리는 독특한 억양과 일정한 박자로 또박또박 학교와 이름을 말합니다. 언제부터 아이들이 이런 톤으로 말하게 되었는지 궁금하네요. 아이들이 함께 소리 내어 국어책을 읽을 때도 그렇습니다. 그런 억양은 고학년이 되면서 점차 사라지지만 어른이 되어서도 원고만 앞에 있으면 여전히 책을 읽듯 스피치하는 사람들이 있습니다. 이런 경우 어색한 억양과 자신의 평소 억양이 어떻게 다른지 살펴보세요. 이 차이를 알아야 억양을 자연스럽게 바꿀 수 있습니다.

다채롭게 표현하라

우리는 평소에 말할 때 의도하지 않아도 박자를 타고 음정과 셈여림도 적절히 강조하고 있습니다.

"말하듯이 노래하고 노래하듯이 말하라."

보컬 트레이닝할 때 이 말을 자주 하지요. '말하듯이 노래하라'는 말하듯이 가사를 읊어서 그 뜻을 전달하라는 뜻이고, '노래하듯이 말하라'는 다양한 표현으로 노래하듯이 말도 그렇게 해야 잘 전달된다는 뜻일 겁니다. 이처럼 음정과 박자와 쉼표라는 음악과 말하기의 공통점을 기억한다면 밋밋했던 스피치가 다채롭게 변화됩니다. 그런데 음악은 악보가 있어서 스피치보다 연습하기가 더 수월해 보입니다. 악보를 익히고 감정을 실어 연주하면 되니까요. 스피치는 원고를 완벽하게 준비해도 사람에 따라 음정과 박자가 달라질 수 있습니다. 때로는 즉흥 연주하듯 준비 없이 스피치를 해야 하기도 합니다. 가사도 멜로디도 잘 모르는데 노래를 불러야 할 때처럼 당황스런 일이겠지요.

그래서 악보가 있는 스피치, 즉 설교 원고를 잘 낭독하는 스피치만 배우는 경우가 많습니다. 배우기도 가르치기도 그 편이 훨씬 쉽거든요. 그러나 그렇게 하면 실제 강단에서 적용하기가 어렵습니다. 무엇을 배우긴 한 것 같은데 정작 바뀐 게 별로 없는 기분이 들지요. 일상 속의 스피치와 커뮤니케이션에서는 원고 없이 말할 때가 더 많습니다. 따라서 균형 잡힌 스피치 연습이 필요합니다. 악보가 있는 연주와 즉흥 연주를 모두 잘할 수 있는 방법으로 접근해야 합니다.

그나마 이렇게라도 설교 스피치에 관심을 가진 분들도 많지 않은 것 같습니다. '전 국민이 가수'라는 말처럼 노래연습은 많이 하는데 말을 연습하는 사람들은 별로 없지요. "말은 타고나야지 연습한다고 되겠느냐. 생활하는 데 전혀 불편함이 없다"라고 이야기합니다. 하지만 노래를 잘하는 것보다 말을 잘하게 되면 삶의 질이 달라집니다. 우리가 살면서 노래를 할 일이 많겠습니까, 말을 할 일이 많겠습니까? 노래는 못하면 아쉬울 뿐이지만 말은 나의 일과 주변 사람과의 관계에 직접적인 영향을 줍니다.

이 책을 읽으며 '오늘부터 하루에 발성 연습을 5분씩 하겠다'고 결심하실지도 모르겠습니다. 그런데 실제로 한 달 이상 계속 연습하기가 쉽지 않을 겁니다. 저는 스피치를 연습하기 위해 따로 시간을 내기보다는 일상 속에서 말에 관심을 가지는 편이 더 효과가 있다고 확신합니다.

내가 평소에 하는 말, 다른 사람이 하는 말을 관찰하다 보면 변화가 생깁니다. 그렇게 일상의 말을 바꾸어야 설교할 때도 기초가 탄탄한 스피치를 할 수 있습니다.

소리 내어 설교문 읽기

호흡, 발성, 발음에 유의하여 목사님의 지난주 설교문을 소리 내어 읽어보세요. 호흡의 원리를 이해하고, 노래하듯 말해야 한다는 사실을 다시 한번 강조합니다. 다음 질문을 체크해보시기 바랍니다.

● 호흡
복식호흡을 잘하고 있는가?
호흡량이 충분해 숨쉬기가 편안한가?

● 발성
성도들이 듣기에 편안한 목소리인가?
소리를 내는데 목에 무리를 주고 있지 않은가?
입 안의 공간을 충분히 사용하며 말하고 있는가?

● 발음
자음이나 모음의 음가를 정확하게 내고 있는가?
성도들에게 발음이 명확하게 들리는가?

● 흐름
말의 속도가 빠르거나 느리지 않은가?
강조할 부분이 잘 드러나게 전달되는가?
말의 어조나 흐름은 자연스러운가?

8

설교 스피치 5단계

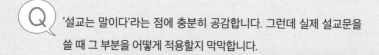

Q '설교는 말이다'라는 점에 충분히 공감합니다. 그런데 실제 설교문을 쓸 때 그 부분을 어떻게 적용할지 막막합니다.

A 중요한 것은 눈앞에 놓인 원고가 아니라 '핵심 메시지가 명확한지, 구성의 흐름이 머릿속에 정리되어 있는지'입니다. 메시지 구성을 만드는 과정을 중심으로, 설교 스피치 5단계에 따라 말씀을 준비해보세요.

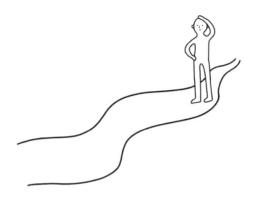

이제 마지막 장입니다. 잠시 지나온 길을 돌아볼까요? 그동안 설교를 커뮤니케이션 관점에서 어떻게 봐야 할지, 설교 스피치의 특징은 무엇인지 살펴보았습니다. '설교는 말이다'라는 점을 떠올리며 준비과정부터 말을 염두에 두어야 한다는 사실, 스피치의 맛과 멋을 내는 방법도 나누었습니다. 지금부터 본격적으로 설교 준비를 시작해볼까요?

일반 스피치는 고안, 배열, 스타일 결정, 인지(암기), 전달 다섯 단계로 이루어집니다. 설교 스피치의 준비과정은 말씀이라는 특성에 맞추어 다음과 같이 구성됩니다.

① 고안(본문, 주제 결정) ② 스피치 설계도 구상

③ 원고 작성 ④ 인지 ⑤ 전달

1단계_ 고안

 설교 주제를 잡고 본문을 정하는 단계입니다. 구체적인 내용이 잡힐 때까지 생각을 계속 정리합니다. 아이디어가 쉽게 정리되지 않으면 이 단계에서 오래 머물게 됩니다. 어떤 말씀을 전해야 할까? 성도들에게 어떤 의미가 있을까? 하나님은 어떤 심정으로 이 말씀을 전하기 원하실까? 설교를 준비하는 출발지점에서 하게 되는 고민입니다. 주제 선정은 내용상 신학적인 접근이 있을 텐데요. 여기에서는 전달이라는 커뮤니케이션의 측면에서 다루어보겠습니다. 주제와 본문을 정할 때는 다음 요소를 살펴야 합니다.

정보의 양이 적절한가?

정해진 시간에 전할 수 있는 분량인가요? 지나치게 많이 준비하면 오히려 시간에 쫓겨 제대로 결론을 내리지 못하고 끝납니다. 주제 역시 그렇습니다. 주제가 크고 넓으면 수박 겉핥기처럼 당연한 말만 하기에도 바쁩니다. 예를 들어 3분 스피치의 주제로 '세계 평화'를 잡는다면 짧은 시간에 풀어내기에는 역부족이지요. '내가 세계 평화에 관심을 갖게 된 이유' 정도로만 압축해도 3분 안에 정리할 수 있을 겁니다. 설교 주제도 마찬가지입니다. 설교 시간이 길어진다는 것은 말씀을 열심히 준비해서 그럴 수도 있지만 내용의 핵심이 잘 정리되지 않았기 때문일 수도 있습니다. 뜻은 깊고 전달은 간결한 메시지가 힘이 있습니다.

메시지가 명확한가?

스피치 설계에서 가장 중요한 것은 핵심 메시지입니다. 다른 것은 다 잊어버려도 청중이 꼭 기억하기를 바라는 한 줄 메시지가 무엇인지 명확하게 해야 합니다. 전하는 사람이 정리하지 못한 메시지를 듣는 이가 알아서 정리할 수 없습니다.

짜임새 있는 구성인가?

'어떤 남녀가 만나 사랑에 빠지고 결혼해서 행복하게 살았다.' 평범한 러브 스토리도 구성에 따라 진부해지거나 새로워집니다. 어떤 영화는 소재도 좋고, 톱스타가 출연하고 제작비도 많이 들었다고 하는데 엉성해 보입니다. 스토리 전개가 탄탄하지 않기 때문이지요. 구성에 따라 관객의 몰입도는 달라집니다. 결론을 먼저 말하고 근거를 제시해야 좋은 주제도 있고, 결론을 뒤에 두고 이야기를 풀어가다 감동의 순간으로 이끌어야 좋은 주제도 있습니다. 모든 설교에 연역법이나 귀납법을 적용하기보다는 주제에 맞게 내용을 전개해야 합니다. 같은 나무도 어느 방향에서 보느냐에 따라 다른 그림이 되듯이 같은 주제라도 구성이 달라지면 새로운 공감의 포인트를 찾을 수 있습니다.

새로운 관점인가?

성도들은 담임목사님의 설교에 익숙해 있습니다. 내용뿐 아니라 구성도 그렇습니다. 구성이 매번 같으면 기대감이 떨어집니다. 앞부분만 들어도 다음 내용이 짐작됩니다. 이런 생각을 하는 성도들도 있을지 모릅니다. '오늘도 몇 가지 주제를 풀어가는 대지설교를 하시겠지. 첫째, 둘째… 이제 예화를 드실 거야. 히브리어 풀이를 하신 다음에… 세 번째 주제까지 설명하셨으니 설교가 곧 끝나겠네.'

반전 있는 영화에 끌리듯이 스피치도 어떻게 전개되느냐에 따라 듣는 사람의 감정선이 달라집니다. 설교도 익숙한 흐름에 내용을 끼워 맞추면 안 됩니다. 주제에 따라 내용을 적절하게 구성해야 합니다. 기승전결이나 머리말-본문-맺음말 같은 단순한 형식을 가리키는 게 아닙니다. 구성은 근본적으로 오늘을 새롭게 바라보는 관점에서 출발합니다.

지난 여름 영화 「알라딘」이 개봉되었는데 관객 천만 명을 돌파했습니다. 누구나 다 아는 이야기 「알라딘」이 새삼 인기를 끈 이유는 자스민 공주 캐릭터가 신선했기 때문입니다. 그녀는 알라딘의 보호를 받는 연약한 여성이 아니라 왕국의 운명을 헤쳐나가는 주체적인 여성으로 묘사되었지요. 관객들은 그 새로운 관점에 공감하고 그녀를 지지한 것입니다.

이야기 구성 능력은 기승전결 같은 형식 이전에 사고의 전환에 있습니다. "하나님의 말씀은 살아 있고 활력이 있어 좌우에 날선 어떤 검보다도 예리하여 혼과 영과 및 관절과 골수를 찔러 쪼개기까지 하며 또 마음의 생각과 뜻을 판단하나니"(히브리서 4:12). 하나님의 사랑과 구원의 영원한 메시지는 시대에 따라 새로운 관점으로 볼 수 있다고, 성경이 우리에게 말하고 있습니다. 성경은 성도들에게 익숙한 만큼 설교를 통해 새로운 관점으로 보게 되면 그 익숙함이 전복되면서 파장을 일으킵니다. 이야기를 잘 전하는 스토리텔러는 따로 있지 않습니다. 새로운 관점이 새로운 구성을 만드는 것이니까요!

2단계_ 스피치 설계도 구상

말을 할 때 몸은 어떻게 반응하고 있을까요? 그 과정은 이렇습니다.

① 글을 눈으로 읽는다.
② 머릿속으로 내용을 이해한다.
③ 상대에게 간추린 내용을 이야기한다.

글을 읽으며 이해한다고 하면 글을 외우는 게 아닙니다. 내용이 머릿속에 그림처럼 새겨지는 것입니다. 메시지를 이해한다는 것은 글자를 문자로 받아들이는 게 아니라 단어가 지닌 의미를 깨닫는 것입니다. 우리는 그렇게 각인된 메시지를 나의 말로 전달합니다.

전달하는 데 3분 정도 걸리는 글이 있다고 합시다. 짧은 분량이라도 문장 그대로 외워서 전한다면 자연스럽게 보일까요? 제가 초등학교에 다녔던 시절에는 국민교육헌장을 억지로 암기해야 했습니다. "우리는 민족중흥의 역사적 사명을 띠고 이 땅에 태어났다…." 짤막한 글을 외우는 데 며칠 걸렸던 기억이 납니다. 장문인 데다 숭상, 약진, 융성 같은 어려운 단어들 때문에 더 힘들었습니다.

스피치 실습을 할 때 A4 한두 장 정도의 글을 한 번 읽고 내용을 말하라고 하면 대부분 곧잘 해냅니다. 하지만 글을 외워서 해보라고 하면 무척 어려워합니다. 메시지를 이해했느냐 아니냐의 차이입니다. 암기할 때는 글자에 집중하기 때문에 내용을 파악하지 못합니다. 반면 먼저 텍스트를 이해한 후에는 메시지를 쉽게 전달합니다. 설교도 이런 방식으로 하면 훨씬 수월해집니다. 원고를 작성할 때 문장 하나하나에 매여 있으면 전반적인 흐름을 놓칩니다. 전체 맥을 짚으며 내가 이해한 대로 전달하면 말하듯이 자연스럽게, 잘 들리는 설교를 할 수 있습니다.

김동호 목사님은 제가 자주 말씀을 찾아 듣는 설교자 가운데 한 분입니다. 목사님 설교의 장점은 핵심 메시지가 분명하다는 것입니다. 메시지가 간결하고 예화를 적절하게 엮어내 내용을 이해하기 쉽지요. 문장이 짧고 군더더기가 없으며 발음이 명확해 설교가 잘 들립니다.

이제 목사님의 설교를 예로 스피치 설계도 구상하는 방법을 살펴보려고 합니다. 다음은 CBS 「세상을 바꾸는 시간, 15분」에서 한 강연의 도입부입니다. 예배 설교는 아니지만 복음의 메시지가 있고 설계도 구상에 적합한 내용이라 옮겨봅니다.

안녕하세요. 반갑습니다. 높은뜻교회연합의 김동호 목사입니다. 크리스천들에게는 어떤 확신 같은 것이 있어요. '하나님은 공평하실 것이다'라는 것입니다. 여러분도 그런 생각이 드시나요? 저는 목사인데, 아니라는 확신을 갖고 있습니다. 증거도 있습니다. 저한테는 손녀딸이 있어요. (손녀 사진) 아들 셋만 기르다가 손녀딸이 생겼는데 얼마나 예쁜지 모르겠어요. 여러분 보기에는 그냥 그래도 저에게는 무척 예쁜 아이입니다. 우리 집에서 태어났기 때문에 저 아이가 누리는 복은 상상을 초월합니다.

그런데 아프리카에서 태어난 아이들이 있어요. (아프리카 아이 사진) 우리 손녀딸의 또래 아이들이 있는데 저 아이들은 태어나서 5년을 살기가 너무 힘듭니다. 1년 안에 죽는 아이들도 많습니다. 저 두 아이를 보고도 여러분은 하나님이 공평하시다는 생각이 드십니까? 저는 들지 않습니다. 어떤 아이는 내 손녀딸로, 어떤 아이는 아프리카인의 손녀딸로, 어떤 아이는 부잣집 딸로, 어떤 아이는 가난한 집 딸로, 그렇게 불공평하게 태어나고. 그게 세상입니다.

그런데 저는 이렇게 불공평한 세상에 하나님의 의도가 있으시리라 생각했어요. 저는 하나님을 믿으니까… 이해는 안 되지만 뭔가 이유가 있겠지 생각했어요. 그래서 불공평에 대한 하나님의 의도를 찾기 시작했습니다. 그 의도가 있는 걸 깨달았어요. '흐름'입니다. 흐름을 위하여 하나님은 어쩌면 우리 눈에 보기에는 불공평한 세상을 만드셨구나 생각을 했습니다. 평평하면 흐름이 생기지 않으니까요. 그런데 왜 흐름이 중요한가 하면 흐름이 생명이기 때문입니다.

여러분, 물이 흐르지 않고 고여 있으면 썩지요? 공기도 그렇죠? 피도 잘 흘러야지요? 피가 흐르지 않으면 죽지요. 돈도 흘러야지요? 돈을 잘 흐르게 하는 것을 경제라고 하지 않습니까? 경제가 좋다, 돈이 잘 흐른다는 뜻입니다.

그런데 이 흐름을 위해서는 고저, 장단, 강약이 있어야 합니다. 강한 것이 있고 약한 것이 있어야 흐르고, 높은 곳이 있고 낮은 곳이 있어야 흐르고, 강한 것이 있고 약한 것이 있어야 흐릅니다. 그래서 하나님이 흐름을 위하여 이 세상을 불공평하게 만드셨구나 생각하게 되었습니다.

여기서 핵심 메시지는 무엇일까요? 도입부 3분 정도를 옮겨서 전체를 파악할 수는 없지만 제시된 부분의 핵심 메시지는 '하나님은 흐름을 위해 세상을 공평하게 만들지 않으셨다'입니다. 스피치 흐름을 키워드 위주로 살펴보겠습니다.

- 손녀 사진.
- 아프리카 아이 사진.
- 하나님은 공평하신가?
- 나는 아니라고 확신한다.
- '흐름'을 위해 불공평한 세상을 만드셨다.

몇 개의 키워드를 기초로 3분 스피치를 해보겠습니다. 소리 내어 실제로 해보시기 바랍니다. 시작할까요?

어떠셨나요? 3분 동안 내용을 비슷하게 전달했지요? 갑자기 주어진 미션을 어떻게 할 수 있었을까요? 키워드 위주로 내용을 정리했기 때문입니다. 설교 역시 키워드로 정리하면 구성이 쉬워집니다. 집을 지을 때 먼저 설계도를 그리듯이 설교할 때도 전체 내용이 한눈에 보이도록 먼저 한 장의 설계도를 그리는 것이지요. 이야기의 흐름이 한눈에 보이면 거기에 맞춰 말하는 것은 어렵지 않습니다.

스피치 설계도를 그리기가 막연하다면 여행할 때 동선을 짠다고 생각해보세요. 여행 계획은 어떻게 세우시나요? 누구와 언제, 어디를 갈지 정하겠지요? 휴양인지, 관광인지, 가족여행인지, 혼자만의 여행인지 목적에 따라 장소가 달라집니다. 교통편을 예약하고 일정을 짭니다. 장소와 시간을 따져보고 맛집도 찾아봅니다. 스피치 설계도도 그렇게 준비하면 됩니다. 먼저 무슨 이야기를 누구에게 할 것인지, 전달하는 목적은 무엇인지, 어떤 방식으로 전할지를 생각합니다. 이때 주의할 점이 있습니다. 계획 없이 무작정 떠나는 여행처럼 설교 준비를 하는 경우가 있습니다. 여행의 목적과 동행자를 정해야 여정이 나오듯이, 말씀을 준비할 때도 다음의 질문을 하며 설계도를 그려야 합니다.

- 요즘 성도들의 상황이 어떤가?
- 왜 이 말씀을 전해야 하는가?
- 이 말씀이 어떤 반응을 일으키기를 바라는가?

키워드 설계도

스피치 설계도를 짤 때는 여러 가지 방법이 있습니다. 핵심 메시지를 정했다면 이야기를 어떻게 풀어갈지 주요 키워드를 뽑아 정리합니다. 김동호 목사님 설교에서 주요 키워드를 뽑아 설계도를 그려보았습니다.

키워드만으로 설교의 흐름이 한눈에 들어옵니다. 흐름을 인지하면 똑같지 않아도 비슷하게, 쉽게 내용을 전달할 수 있습니다.

마인드맵 설계도

키워드보다 이미지가 더 기억하기 편하다면 마인드맵으로 정리해보세요. 이 방법은 설교 준비를 할 때 아이디어를 떠올리고 펼쳐보는 브레인스토밍에 활용해도 좋습니다. 마인드맵은 기승전결 순서대로 흐름을 잡는 것이 아니라 생각이 뻗는 대로 자유롭게 아이디어를 펼쳐가는 방식입니다. 그러다 보면 이야기의 줄기를 쉽게 파악하게 됩니다. 방사형으로 펼쳐놓아도 좋습니다. 자신이 원하는 모양으로 만들어보세요.

저는 나무 모양의 마인드맵을 즐겨 쓰는데요. 줄기에 핵심 메시지를 적고 큰 가지마다 관련 키워드를 정리합니다. 그리고 가지의 나뭇잎에 에피소드들을 적으면 이야기들이 한눈에 정리가 됩니다. 마인드맵의 장점은 스피치 시간이나 현장 상황, 청중의 반응에 따라 내용을 줄이거나 늘리기 쉽다는 것입니다. 그룹별로 아이디어가 전개되기 때문에 그때그때 줄기들의 내용을 자르거나 확장할 수 있지요. 이야기를 순서대로 펼친다면 중간에 어떻게 건너뛰고 다음으로 이어가야 할지 순간 판단이 서지 않아 현장에서 적절하게 대응하지 못합니다. 하지만 스피치 설계를 마인드맵으로 하면 부분들 사이의 연계성이 한눈에 보여 재조합하기 쉬워집니다.

마인드맵으로 스피치 설계도를 그려볼까요? 나무를 그릴 때 보통 땅의 위치를 잡고 거기에 맞춰 기둥줄기를 잡지요. 줄기에 굵직한 가지를 몇 개 연결한 뒤 거기에서 뻗어가는 잔가지들과 나뭇잎을 그립니다. 스피치 설계도도 그렇게 준비하면 됩니다. 청중 파악하기는 땅의 위치를 파악하는 것이고, 핵심 메시지 정하기는 기둥줄기를 잡는 것과 같습니다. 줄기에 큰 가지들을 그려나가는 것은 핵심 메시지를 전하기 위한 부분 메시지가 되겠지요. 나뭇잎들은 메시지를 전하기 위해 필요한 에피소드나 설명입니다.

새삼스럽게 이런 복잡한 과정을 거쳐야 할까? 평소처럼 설교 주제를 잡고 앞부분부터 순서대로 원고를 쓰면 되지 않을까? 이

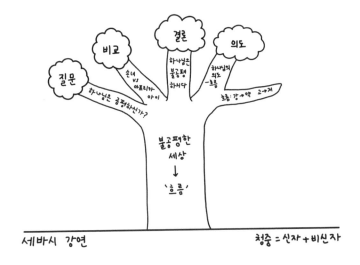

세바시 강연   청중 = 신자 + 비신자

런 생각이 들 수도 있겠습니다. 하지만 그 방법은 그림을 왼쪽에서 시작해서 오른쪽까지 한번에 완성하는 것과 비슷합니다. 물론 뛰어난 화가라면 나무 한 그루 정도는 단숨에 그려내겠지요. 하지만 아무리 숙련된 솜씨라도 구도를 잡지 않으면 의도와 결과가 다르게 나오기 마련입니다. 균형 잡힌 아름드리 나무를 생각했는데 한쪽에만 꽃과 열매와 잎을 그리다 시간이 없어 다 완성하지 못할 수도 있겠지요. 설교도 전문을 작성하기 전에 큰 윤곽을 잡는 이 설계 단계를 거치는 것이 좋습니다. 세부 묘사하기 전에 구도를 잡고 스케치하며 전체를 완성해가듯이 설교하기 전 큰 흐름을 잡아야 효율적으로 준비할 수 있습니다.

3단계_ 원고 작성

 이제 설교 원고를 작성하는 단계입니다. 스피치 설계도를 그렸으니 이제 직접 시공해보는 거지요. 여기서 질문 하나 드리겠습니다. "목사님의 설교문은 '말'을 위한 원고입니까?"

지금까지 '설교는 말이다'라는 점에 충분히 공감하시겠지만, 실제 그 부분을 어떻게 적용할지 막막할 수 있습니다. 1단계인 설교의 주제와 핵심 메시지를 정하고 2단계인 스피치 설계도를 그리는 것까지는 해보았는데, 원고를 작성하는 3단계에 오면 '말'로 어떻게 써야 할지 고민이 됩니다. 어쩌면 그동안 문어체로 글을 썼기에 구어체로 쓰는 게 어색할 것입니다.

많은 목사님이 설교 전문을 준비합니다. 제가 만난 대부분의 목사님들도 그렇게 했고, 설문조사에서도 80퍼센트가 넘는 목회자가 전문을 작성한다고 했습니다. 요약문만 작성한다는 응답은 19.2퍼센트, 작성하지 않는 응답은 0.2퍼센트에 불과했습니다(『목회와 신학』, 2008). 오래전의 설문조사지만 지금도 크게 달라지지는 않은 듯합니다.

설교 원고가 있는 것과 없는 것, 전달할 때 어떤 차이가 있을까요? 원고가 있으면 준비한 내용을 충실하게 전할 수 있지만 글에 의존해 현장의 다양한 상황에 대응하기 어렵습니다. 원고가 없을 때는 현장 분위기에 맞춰 이야기를 풀어갈 수 있지만 맥락 없이 흘러갈 위험도 있습니다. 중요한 것은 눈앞에 놓인 원고가 아니라 핵심 메시지가 명확한지, 구성의 흐름이 머릿속에 정리되어 있는지입니다. 원고를 쓰며 메시지를 구체화하고, 전달할 때는 원고에서 자유로워야 합니다. 원고 작성은 전체 맥락을 정리하게 하고 생각의 전개를 돕고 흐름이 자연스러운지 확인하게 해줍니다. 생각을 글로 옮기다 보면 글이 새로운 방향으로 생각을 이끌기도 합니다. 그런데 원고를 쓰는 단계에서 '설교는 말이다'를 기억해야 합니다. 잘 쓴 구어체 원고를 읽으면 목소리가 생생하게 들리는 것처럼 느껴집니다. 방법은 간단합니다. 말을 하듯 원고를 쓰면 됩니다. 아래 어느 설교문의 도입부를 잠깐 읽어보겠습니다.

20년 전에 영국 런던항에서 대서양으로 다니는 타이타닉이라는 배가 있었다. 3천 명의 승객을 태우고 항해하던 중에 돌연히 빙산을 만나, 충돌되어 승객은 전멸을 당하였다. 그 3천명의 생사문제는 순간의 문제였었다. 만약 함장이 망원경을 들고 볼 때에, 1분간만 먼저 키를 돌려놓았다면 3천 명의 생령은 면사免死 되었을 것이다. 1분 1초의 관계로 생사가 좌우된 것이다. 또 수년 전에 동아일보에 현상문제가 났는데, 문제는 한강 철교에서 투신자살하는 자의 수가 날마다 더하고 달마다 많아지므로 그 구급 방침이 무엇이냐 하는 것이었다. 그때에

1등으로 당선된 말은 이것이다. '조금만 참고 내 말을 듣고 가시오'라는 것이었다.

그러고 볼 때, 죽는 자가 구원 얻는 것은, 잠시 잠깐에 된다는 것을 증명하기에 넉넉한 말이다. 십자가의 강도도 순간에 구원받은 것이다. 어떤 사람은 말하기를, 강도가 쉽게 구원받았다고 한다. 그래 어떤 형제는 이것을 구실 삼는 이가 있다. 즉 형제 중 한 사람이 낙심하였기에 권면한즉 나는 세상 마음대로 살아가다가, 죽을 때 강도와 같이 믿어서 구원을 얻겠다고 하였다. 나는 말하기를 그때에 네가 믿을 수 있을 것으로 아느냐고 했다. 강도의 구원이 그리 용이한 것이 아니다. 그는 10년, 20년 믿은 자보다 훨씬 더 잘 믿는 것이다. 구원에는 다섯 가지 요소가 있는데, 이제 하나씩 생각하여 보자.

지금 읽은 글은 길선주 목사님의 명설교 「순간적 구원」(본문 말씀 누가복음 23:36~43)의 한 대목입니다. '구원의 5요소'라는 부제가 달린 이 말씀은 설교의 고전으로 잘 알려져 있습니다.

서두에 "20년 전에… 타이타닉이라는 배가 있었다"라고 적고 있습니다. 타이타닉호 침몰사고가 1912년 4월 15일에 일어났으니 20년 후면 1930년대 초입니다. 길선주 목사님이 그 당시에 쓰신 글이라 문체가 예스럽지요. 설교문이라 당연히 문어체입니다. 목사님께서 실제 이 문장 그대로 설교하셨을 것 같지는 않습니다. 책에 수록된 것이라 청중보다는 독자를 염두에 둔 글이겠지요. 실습을 한번 해볼까요? 위의 본문을 구어체로 한번 바꿔 읽어보세요. 소리 내어 읽어야 합니다.

어땠나요? 구어체로 잘 바꾸었나요? 요즘 목사님들은 이렇게 전형적인 문어체로 설교문을 쓰지는 않겠지만, 정도의 차이가 있을 뿐 문어체의 기본 구조는 근본적으로 구어체와 다릅니다. 문장을 짧게 써도 문어체라면 설교문을 읽는 것처럼 들립니다. 위의 글에서 한 대목을 구어체로 바꿔 연습해보겠습니다.

십자가의 강도는 어느 한순간에 구원을 받은 것입니다. 그래서 '강도가 아주 쉽게 구원을 받았네' 하는 사람도 있습니다. 그들은 이걸 핑계 삼아 예수님을 나중에 믿겠다고 말합니다. 제가 아는 어떤 형제가 어려운 일을 당해 크게 낙심하게 되었습니다. 그래서 제가 그 사람을 찾아가 전도를 했습니다. '형제님, 이제 예수님을 믿을 때가 되었어요' 그랬더니 그분이 '목사님, 저는 한 세상 마음대로 살다가 죽기 직전에 강도처럼 믿고 구원받을래요' 하는 것이었습니다. 그 말에 제가 되물었습니다. "그 순간에 정말 믿으실 수 있겠습니까?" 여러분, 강도가 구원받은 게 그렇게 쉬워 보이십니까?

어떤가요? 앞의 글보다 뒤의 글이 더 생생하게 다가오지요? 어떻게 하면 잘 들리고 편안한 구어체로 원고를 쓸 수 있을까요? TV나 라디오의 대본을 참고하면 좋겠습니다. 그것은 대표적인 구어체 원고입니다. 음악방송에서 사연을 읽거나 즉석 신청곡을 받을 때는 진행자가 그때그때 말을 하지만, 코너 원고의 경우 구어체로 쓴 글을 말하듯이 읽습니다. 잘 들리도록 호흡과 리듬, 단어를 골라서 쓰는 원고지요. 산책하거나 운전하면서 가볍게 듣기에 알맞은 문장으로, 마치 음악의 일부처럼 씁니다. 내용이 좋아도 입에서 겉돈다면 다시 입말이 되도록 고쳐 써야 합니다.

어투나 어휘 몇 개만 바꾸면 어중간한 구어체가 됩니다. 가장 좋은 방법은 누군가에게 이야기를 해준다고 생각하며 원고를 쓰는 것입니다. 컴퓨터 화면에 설교를 듣게 될 가상의 성도를 떠올려보세요. 그와 대화를 나누듯 말을 풀어가고 그 말을 받아 글로 옮기는 것이지요. 원고를 쓰기 전 스피치 설계도를 앞에 두고 말로 풀어 설교를 해보는 것도 좋습니다. 보통 설교 원고가 완성된 다음 전달 단계에서 스피치를 연습한다고 생각하는데 스피치 설계도만 보며 연습해보세요. 이 방법은 여러 가지로 도움이 됩니다. 써놓은 글이 없기 때문에 거기에 의지하지 않고 정리된 생각을 말로 풀어내게 됩니다. 핵심 키워드를 말로 전환하며 글이 아닌 말로 하는 설교에 대한 감각을 다지게 됩니다. 이렇게 연습한 과정을 녹음해서 원고 작성에 활용한다면 문어체와 구어체가 어떻게 다른지 비교해볼 수 있습니다. 또한 녹음된 파일을 텍스트로 옮겨주는 스마트폰 기능을 잘 활용하면 구어체 원고를 좀 더 쉽게 작성할 수 있습니다. 키워드를 풀어서 말로 해보며 스마트폰에 녹음을 하고 텍스트로 변환된 글을 원고로 수정하는 것이지요. 이 방법은 즉석 스피치 대비 훈련에도 좋습니다. 몇 개의 키워드, 간략한 개요서만으로 말을 풀어내는 데 익숙해지면 준비 시간이 짧은 즉석 스피치를 할 때도 당황하지 않고 짜임새 있게 말할 수 있습니다.

이런 질문을 받기도 합니다. "설교 원고를 쓴다면 어느 정도까지 완성하는 게 좋은가요?" 목사님들은 일주일에 여러 번 강단에 서야 해서 매번 설교 전문을 작성하기는 어려울 겁니다. 설교 준비에도 선택과 집중이 필요합니다. 전문을 썼을 때도 그대로 연단에 들고 올라가기보다는 스피치 설계도나 요약본을 이용해보세요. 원고는 목사님에게서 나온 생각을 정서해놓은 '글'입니다. 성도라는 청중의 귀에 들리는 '말'이 아닙니다. 설계도는 설교의 흐름을 보여주는 안내판일 뿐, 목사님의 말은 이미 목사님의 생각 안에 있습니다. 그러니 원고를 설계도 아래 두셔도 좋겠습니다.

예화를 사용할 때 주의할 점

주제를 뒷받침해줄 예화 찾기가 생각보다 어렵습니다. 예화는 설교의 윤활유 역할을 하지만 잘못 사용하면 흐름을 방해할 수 있습니다. 예화는 그 자체로 완결된 이야기여서 설교와 어떻게 연결되는지 설명해야 합니다. 그만큼 부수적인 시간이 필요한데 연결점이 정확하지 않으면 논점이 흐려질 수 있습니다.

예화에는 크게 세 종류가 있습니다. 먼저 인터넷이나 책에서 찾은 것, 주변 사람이 겪은 이야기 그리고 내가 직접 경험한 이야기입니다. 요즘은 예화만 모아둔 사이트가 많아 쉽게 검색할 수 있습니다. 소소한 미담이나 성공 스토리는 재미와 감동이 있지만 그중에는 개연성이 떨어지는 꾸며낸 이야기도 많습니다. 1인 미디어 시대인 지금, 개개인이 감동 스토리를 담은 동영상이나 카드 뉴스 등을 얼마든지 만들고 공유하고 전송할 수 있습니다. 이야기란 의도에 따라 편집하기 마련입니다. 구전 설화부터 유튜브 동영상까지 '의도대로 편집된다'는 이야기의 속성은 변함이 없습니다. 수많은 이야기가 쏟아지는 지금, 진정성 있는 예화를 인용하기 위해 출처와 사실 여부를 면밀하게 살펴보아야 합니다.

주변 사람이나 자신이 직접 겪은 일은 평범해 보이지만 좋은 소재입니다. 현장성과 사실성 때문에 마치 나의 이야기처럼 공감하기 쉽습니다. 성도들에게 일어난 일들도 주요 소재가 되곤 합니다. 목사님은 성도들과 기쁨과 슬픔을 함께하며 신앙적 경험을 공유합니다. 성도들과 나누는 일상은 목사님의 삶의 현장이고, 설교의 영감을 받는 원천이기도 합니다. 결혼, 출산, 취업, 개업, 이사 등 성도들이 살아가는 이야기는 생생한 공감을 주는 예화가 될 수 있습니다. 설교를 통해 우리에게 일어난 일들의 신앙적인 의미를 나누지요. 그 이야기를 함께 하며 목사님이 어떻게 기도하고 독려했는지 아는 성도들에게 더욱 울림을 줄 수 있습니다.

그런데 성도들의 사연을 예화로 들 때 누구보다 그 당사자와 영적으로, 정서적으로 충분히 공감을 나눈 이야기인지 살펴봐야 합니다. 힘든 일을 겪은 어느 집사님이 있습니다. 아직 회복이 되지 않았지만 내색하지 않으며 지내고 있습니다. 목사님이 이를 미처 헤아리지 못하고 강단에서 그 집사님이 겪은 일에 대해 언급한다면, 선의라 해도 당사자에게는 부담이 될 수 있습니다. 고통 가운데 임하시는 하나님에 대해 꼭 나눌 필요가 있다고 느껴진다면, 당사자와 소통하고 동의를 구하시기 바랍니다.

앞서 목사님 가족의 이야기를 나눌 때와 마찬가지로 성도들의 이야기가 처음 교회에 온 사람들에게 어떻게 들릴지도 염두에 두어야 합니다. 어떤 예화가 기존 성도만이 이해할 수 있는 '우리만의'의 이야기는 아닌지, 동영상 설교로 업로드했을 때 제3자가 들어도 공감할 수 있는 객관적 이야기인지 살펴야 합니다.

가장 좋은 예화는 본인의 경험담입니다. 목사님 자신이 겪은 이야기에는 섬세하게 느낀 감정과 깨달음이 담겨 있습니다. 어떤 일을 겪으며 성경을 펼치고 하나님의 음성에 귀를 기울이기에 말씀 안에 삶이 녹아들지요. '했다고 하더라'와 '직접 해보았다'는 다른 울림을 줍니다. 좋은 예화들은 평소에 잘 정리해두어야 합니다. 일상 속에 '검색 안테나'를 높게 세워두세요. 그러면 마음에 여운을 남기는 예화들을 만나게 됩니다. 자신만의 깨달음과 감수성이 더해져 예화를 선별하는 안목이 높아지지요. 모두가 겪지만 흘려보내는 일들을 새로운 관점으로 해석해본다면 더 깊은 공감을 줄 수 있습니다.

아나운서들도 방송에 쓸 만한 소재들을 찾느라 평소에 사방으로 안테나를 올립니다. 작가가 써주는 원고도 있지만 원고 없이 말해야 할 때가 더 많아서 항상 이야깃거리에 관심을 기울이지요. 소재를 찾는 데는 세심한 관찰력이 필요합니다. 별것 아닌 것을 특별하게 볼 수 있는 눈이 있어야 해요. 그러려면 관심의 안테나를 항상 높이 올려두어야 합니다. 책을 읽거나 영화를 보거나 대화를 나누다가도 아이디어가 떠오르면 잊기 전에 메모합니다. 휴대폰은 메모를 습관화하는 데 도움이 됩니다. 사진을 찍어두고 메모장에 적고 녹음을 해놓기도 하지요. 그렇게 쌓인 아이디어 창고를 열어보면 짤막한 일기처럼 그날그날의 느낌들이 생생하게 담겨 있습니다.

일상을 보는 시선이 달라지면 무심히 지나치던 것들이 새롭게 보이고 건져 올리는 것들이 더 많아집니다. 그런 에피소드로 청취자들과 이야기를 나누면 반응이 옵니다. 인용하는 글들은 책에 있을 때는 빛이 나지만 거기에서 따옴표를 오려내는 순간 맥락을 잃어 문장의 힘이 사라집니다. 위대한 사람의 말은 결국 큰 업적을 이룬 타인의 말일 뿐 평범한 일상을 사는 나의 이야기가 아니라 들을 때 거리감을 느끼게 됩니다. 오히려 평범함 속에서 나만의 필터로 걸러낸 이야기들이 보석 같은 일화가 됩니다.

작가는 이야기 소재를 늘 발견하는 사람이지요. 작가에게 문학적 감수성이 있다면 목사님에게는 영적 감수성이 있습니다. 작가들은 스스로 무언가를 발견하지만 목사님은 하나님이 온 세상에 존재하시며 우리의 삶 구석구석까지 개입하시는 모습을 발견합니다. 그 확신을 설교로 들려주는 거지요.

그런데 쌓는 일보다 어려운 것은 바로 버리는 일입니다. 모으느라 애썼기 때문에 버릴 때는 용기가 필요합니다. 다큐 프로그램을 만드는 피디가 이런 고민을 털어놓은 적이 있습니다.

"사람들은 1시간짜리 방송을 만드는 데 다 쓰지도 못할 것을 왜 그리 많이 찍느냐고 합니다. 맞아요. 1시간 분량을 만들려고 수십 시간 촬영하고 테이프를 백 개도 넘게 돌려보고 쓸 만한 것을 고르느라 엄청 고생하지요. 그런데 정말 어려운 건 촬영이 아니라 편집입니다. 시간에 맞추다 보면 아까운 게 많이 잘려나가요. 힘들게 촬영한 거라 이것저것 넣고 싶은 욕심이 나거든요."

이 말에 저도 동의합니다. 비상식량처럼 비축한 방송 소재가 아까워서 지금 하는 말과 상관이 없는데도 끼워 넣을 때가 있지요. 하지만 전체를 보며 균형을 잡고 잘 버릴 줄 알아야 합니다. 퍼즐을 맞출 때 한 조각은 전체의 일부분입니다. 맞지 않는 한 조각을 억지로 끼워 넣으면 전체가 어그러집니다. 좋은 예화라 해도 메시지와 관련이 없다면 과감하게 버려야 합니다. 가지치기를 잘해야 메시지가 선명히 드러납니다.

뺄셈의 법칙

여름에 나뭇잎이 무성할 때는 가지들이 잘 보이지 않습니다. 낙엽이 지고 나서야 비로소 드러납니다. 스피치도 이런저런 나뭇잎들을 붙여 놓으면 스피치의 줄기를 확인할 수 없습니다. 내용을 줄여 핵심 줄기를 명확하게 한 뒤에 필요한 만큼 나뭇잎을 하나하나 달아야 합니다. 이렇게 내용을 줄이고 늘이는 연습을 하다보면 시간과 상황, 청중에 맞추어 적절한 스피치를 할 수 있습니다. 핵심 메시지에 가지 하나 더 붙이고 잘라내기는 어렵지 않지요. 이런 훈련이 된다면 같은 본문과 주제로 10분에서 1시간까지 내용을 자유롭게 조절할 수 있습니다. 여기서 짚어야 할 것은 '뺄셈의 법칙'입니다. 이는 내용을 덜어낼 게 없을 때까지 줄이는 것입니다.

생방송을 진행할 때도 정해진 시간에 따라 멘트를 늘리고 줄입니다. 처음에는 허둥지둥했는데 훈련이 되니 시간에 맞춰 말이 조절되더라고요. 신입 시절 가요 프로그램을 진행했을 때 담당 피디였던 선배는 방송 끝에 시간이 부족해 노래가 끊기는 것을 정말 싫어했습니다. 청취자 입장에서 좋아하는 노래가 나와서 흥얼거리는데 얼마 듣지도 않고 끝나면 짜증이 난다며 웬만하면 전곡이 나가도록 했지요. 그래서 시간이 애매하게 남으면 음악을 내보내지 않고 말로 채워달라고 주문했습니다. "2분 정도 남아. 멘트로 끝나게 준비해줘." 말하는 기계도 아닌데, 1, 2분 남기고 그런 말을 들으면 머릿속이 하얘집니다. 평소에 2분은 짧지만 할 말이 없을 때는 한없이 길게 느껴지거든요. 그래도 마이크가 켜지면 어떻게든 해내기는 합니다. 무슨 말을 하는지도 모르고 시간을 채우고 나면 손에 땀이 났습니다.

멘트 정리에 달인이 되어갈 즈음, 개편이 되어 새로운 후배 피디와 일하게 되었습니다. 그는 되도록 말은 적게 하고, 음악이 많이 나가는 것을 좋아했습니다. "멘트는 짧고 굵게!" 이 말을 수차례 강조했던 그는 곡 소개마저도 전주에 얹어서 하는 것을 선호했어요. 전주가 끝나고 가수의 노래가 나오기 전에 멘트를 끝내라고 했습니다. "선배! 10초예요!" 전주가 몇 초인지를 알려주는 후배는 그 말마저도 급박하게 외쳤습니다. 내게 다시 마이크가 돌아오기까지 남은 시간은 1분 내외였습니다. 머릿속으로 가수와 노래 제목, 신청 사연까지 어떻게 10초에 줄여야 하는지 번개같이 고민해야 했지요. 말을 늘리는 것과 줄이는 것, 어느 쪽이 더 어려웠을까요? 얼핏 할 말도 없는데 말을 채워가기가 더 힘들 것 같지만 저의 경우에는 비우는 일, 후자가 더 어려웠습니다. 제한된 시간에 필요한 정보를 담아내면서도, 보험 광고에서 약관 설명하듯이 쫓기지 않고 여유 있게 말하기란 쉽지 않았습니다.

방송뿐만 아니라 강의나 대화를 할 때도 비슷한 경험을 합니다. 시간이 충분하면 하고 싶은 말을 다 할 수 있고 청중의 반응에 따라 말을 덧붙일 수 있습니다. 하지만 짧은 시간의 스피치는 그렇게 할 수 없습니다. 어떤 목사님이 해주신 말씀에서 비슷한 고민을 엿볼 수 있었습니다.

"사람들은 보통 대예배 설교 준비가 어렵지, 새벽기도회 설교는 쉽다고 생각해요. 15분 정도 하는데 준비할 게 뭐 그리 많겠냐는 거지요. 하지만 짧은 설교는 그만의 묘미도 있고 고충도 있습니다."

새벽기도회나 주일학교 예배, 심방 자리에서 하는 짧은 설교 역시 준비가 필요하지요. 짧은 분량이라도 모든 요소가 들어가고 전개가 탄탄해야 합니다. 그런데 시간 안배를 못 하면 앞부분만 강조하다가 결론 없이 끝날 수 있고, 꼭 들어갈 것만 선별하다 보면 무미건조해집니다. 그래서 긴 설교보다 짧은 설교를 준비할 때 시간이 더 걸리기도 합니다. 어느 목사님께서 솔직하게 해주신 말씀입니다.

"저의 경우 설교가 길어지는 이유는 두 가지였어요. 먼저 너무 준비를 많이 했을 때입니다. 준비한 게 아까워서 전하다 보면 시간이 훌쩍 넘어가 있지요. 또 하나는 준비를 많이 못 했을 때입니다. 없어서 자꾸 살을 붙이다 보면 또 시간이 넘어가버려요."

설교를 준비할 때도 이 뺄셈의 법칙을 고려해보십시오. 자료를 넉넉히 모으지만 실제로 다 쓸 수는 없습니다. 분량이 넘치는 설교는 모자라는 설교보다 나을 것이 없는데, 의도치 않은 방향으로 흘러가기 때문입니다. 핵심 메시지를 전달하는 데 꼭 들어가야 할 내용인지, 그 기준에 따라 빼고 줄이면 핵심 줄기만 남습니다. 중심을 붙잡고 다시 필요한 부분만 붙여가며 균형 있게 전체를 세워갑니다. 그렇게 완성된 메시지는 원고뿐만 아니라 설교자의 머릿속에도 남게 됩니다.

4단계_ 인지

 전체 흐름을 구상하고 원고 작성을 했다면 내용을 인지해야 합니다. 이 단계를 '암기'라고 생각하는데요. 암기하지 말고 '인지'하기를 권합니다. 내용 전체를 암기하면 틀리지 않고 전달할 수는 있지만 자연스럽게 말할 수는 없습니다. 입력된 내용들을 꺼내느라 청중과 눈을 맞추지도, 반응을 살피지도 못하지요. 그러다 보니 상황에 맞춰 내용을 바꾸거나 덧붙이지 못하고 준비한 것만 일 방적으로 쏟아내게 됩니다.

방법은 달라도 설교를 준비하는 모든 분들이 고안과 구상, 배 열까지는 하는데 인지 단계는 건너뛰곤 합니다. 원고를 쓰면 설 교 준비를 마쳤다고 생각하며 강단에 그대로 들고 올라가지는 않나요? 주일에 임박해서 원고를 쓰면 시간에 쫓길 수도 있고요. 그래서 '고안 – 원고 작성 – 전달' 이 세 단계로 설교하는 분들이 많습니다. '인지'는 강대상에 서기 전 총정리하는 과정으로 시간 이 많이 필요하지는 않습니다. 설교문을 쭉 살펴보며 머릿속으 로 내용을 그려보고 말하는 나의 모습을 떠올리며 성도들에게 어떻게 들리고 반응이 올지 이미지 트레이닝하는 것입니다. 이 단계는 생략하지 말고 짧게라도 반드시 하시기 바랍니다. 다른 단계보다 인지에 들이는 노력이 훨씬 큰 효과를 내기 때문입니 다. 그런데 다음과 같이 이야기하는 분도 있습니다.

"나는 한 단계를 더 추가합니다. 실전과 똑같이 연습해보고 강 대상에 올라갑니다."

그때도 초점을 잘 맞추면 더 좋은 효과를 낼 수 있습니다. 원 고를 틀리지 않고 읽기보다 모니터를 해보면서 고칠 부분을 찾 아내는 데 집중해보세요. 준비한 설교가 청중에게 잘 들리는지 생각하면서 실제처럼 말하는 연습을 해보는 것입니다.

어느 부목사님의 고민

어느 부목사님이 이런 고민을 털어놓았습니다. "말이 너무 빠르고 발음이 부정확해요." 목사 안수를 받은 지 몇 년 안 되는 젊은 부목사님이었습니다. 한 달에 한 번 설교를 하는데 특히 연세가 많은 권사님 몇 분이 말을 못 알아듣겠다고 했다는 것입니다. 저는 평소처럼 설교를 한번 해달라고 청했습니다. 목사님은 지난 주일 설교를 그대로 했습니다. 문제는 말의 속도나 발음이 아니었습니다. 목사님은 30분 분량의 원고를 머릿속에 입력하고, 처음부터 끝까지 줄줄 외워나갔습니다. 문제는 스피치의 본질을 이해하지 못한 데서 오는 것이었습니다. 말을 하고 있는 게 아니라 외운 원고를 '읽고' 있었던 것입니다. 목사님이 외운 문장을 쏟아내느라 바쁘니 성도들은 주워 담느라 마음이 바빴겠지요. 시선은 허공을 맴돌고 있었습니다. 혹시라도 틀릴까 긴장해서 말은 점점 빨라지고, 듣는 사람이 이해하고 있는지 살피지도 못하고 본인의 진도 나가기에 급급했습니다.

"지금 설교하신 내용을 다시 '말씀으로' 해주시겠어요?"

이렇게 피드백을 하니 목사님은 적잖이 당황했습니다.

"말로 했는데요? 무슨 말을 하라는 뜻인지…."

"지금은 원고를 외워서 낭독하신 거고요. 목사님이 알고 계신 내용을 원고에 의존하지 말고 대화하듯이 해보시면 좋겠어요."

처음에는 막막하다며 고심하던 그분은 이야기를 풀어가기 시작했습니다. 그런데 조금 전의 스피치와 확연히 달라진 모습에 저도 목사님도 깜짝 놀랐습니다. 목사님은 저의 눈을 보며 차근차근 물 흐르듯이 설교했습니다. 본인의 문제가 무엇인지 알게 되니 금세 자연스럽게 말하게 된 것이죠. 목사님은 말이 빠르고 발음이 부정확하다고 교정을 받기 원했지만 정작 문제는 '외운 원고에 매여 있는 것'이었습니다. 원고를 떠나 인지한 내용을 말로 전하자 문제가 해결되었습니다. 이 목사님의 경우, 코칭 첫 회에 큰 변화를 보여 저도 보람을 느꼈던 사례입니다.

열정이 넘치는 H대표도 기억에 남습니다. 「새롭게 하소서」의 출연자로 오신 그분은 기업체와 대학에서 활발하게 강의를 하고 있었습니다. 프로그램 중 짧게 5분 정도 강의를 했는데 대화할 때와 달리 경직된 모습이었습니다. 돕고 싶은 마음에 녹화가 끝나고 스피치와 관련해서 고민이 있으면 연락을 달라고 했지요. 한 달 정도 지나 그분에게 전화가 왔습니다. "발음 교정을 받고 싶은데 도와주시겠어요?"

그분은 적극적으로 코칭을 받겠다고 했습니다. 소리가 뭉쳐서 들린다는 지적을 받아왔다며 정확하게 발음하는 법을 알고 싶다고 하셨지요. 그분의 고민대로 입을 크게 벌리지 않아 모음의 발음이 뭉개지기는 했지만 큰 문제는 아니었습니다. 정작 문제는 그분이 말을 하고 있지 않다는 사실이었습니다. 앞에서 말한 부목사님과 비슷했지요. 강의 경험이 많은 분이어서 정도의 차이는 있었지만 H대표도 준비한 원고에 신경을 쓰느라 청중과 교감하지 못했습니다. H대표가 고치고 싶어 하던 발음 문제는 3회 정도 코칭을 진행하며 교정을 하니 해결되었습니다. 이후 스피치 코칭은 자연스럽게 말하기를 몸에 익히는 데 집중했습니다. 8회차 코칭 과정에 참여한 뒤에 만족스러운 변화를 경험하게 되었습니다. 요즘도 저는 그분의 강의를 듣곤 하는데 예전보다 확실히 좋아졌습니다. 자신감 있게 청중에게 에너지를 주고 교감하는 모습을 보면 흐뭇한 마음이 듭니다.

암기하지 말고 인지하라

암기하느냐, 인지하느냐는 작은 차이 같지만 결과가 매우 달라집니다. 머릿속에 내용을 담는 것은 같지만 방식이 다르지요. 암기가 처음부터 끝까지 외우는 방식이라면 인지는 내용의 줄기를 훑어가는 방식입니다. 인지는 주제와, 핵심 메시지, 시작과 전개를 차근차근 담는 방법입니다. 원고를 암기하면 앞뒤 순서가 조금만 틀어져도 다시 맥을 잡기가 힘들지만 내용의 흐름을 인지하면 이야기가 잠시 다른 길로 갔다가도 곧 되돌아올 수 있습니다. 목적에도 차이가 있습니다. 암기는 내용을 틀리지 않게 전달하는 데, 인지는 청중과 메시지를 잘 공유하는 데 목적을 둡니다. 암기는 원고에, 인지는 청중에 집중하지요. 그래서 인지를 할 때는 실제 청중이 앞에 있다고 생각하고 연습합니다.

인지 단계를 함께 해볼까요? 준비한 설교 원고를 바탕으로 핵심 줄기를 간추려 개요서를 만듭니다. 실제처럼 말하며 머릿속에 내용을 심어봅니다. 예행 연습할 때도 전문을 눈으로 읽지 말고 소리 내어 말로 하세요. 갑자기 개요서를 들고 앞에 서기가 어색하겠지만 자꾸 연습을 해보면 자신감이 생길 것입니다.

5단계_ 전달

이제 연단에 설 준비가 되었습니다! 지금까지 스피치 실행의 4단계를 살펴봤는데요. 각 단계를 어떤 방법으로 얼마나 연습했느냐는 모두 다르겠지요. 하지만 어떤 단계든 '설교는 말이다'라는 사실을 기억해야 합니다. 눈으로 읽는 글이 아니라 내가 입으로 말하고, 청중이 귀로 듣는 말이라는 점을 명심해주세요.

발표 불안증

미국의 코미디언 제리 사인펠드Jerry Seinfeld는 이런 말을 했습니다. "장례식에서 추도문을 읽는 것과 관에 들어가는 것 중에 하나를 택하라고 한다면 대부분 죽음을 택할 것이다." 과장 섞인 농담이지만 수긍이 가기도 합니다. 그만큼 스피치가 부담스럽다는 뜻이니까요. 목사님은 어떠십니까? 성도 앞에 섰을 때 심장이 쿵쾅거리고 입이 바짝바짝 마를 때가 있는지요? 갑자기 머릿속이 하얘진 적도 있었나요? 이런 증상을 이른바 '발표 불안증' '말하기 불안증'이라고 합니다. 전달 단계에서 넘어야 할 또 하나의 산입니다.

목회자라면 누구나 한 번쯤 이런 경험이 있을 겁니다. 첫 설교를 하던 날, 대부분은 떨렸을 거예요. 휴가 중인 담임목사님을 대신하여 주일학교 전도사님이 설교를 하게 되었는데 어린이에서 어른으로 대상이 바뀌니 말이 잘 풀리지 않을 수도 있지요. 다른 교회에 초청을 받아 설교를 하는데 낯선 예배당에서 느닷없이 긴장이 될 수도 있고요. 목사님의 건강 상태에 따라 말하기 불안증이 나타나기도 합니다.

박 목사님은 얼마 전 1부 설교를 하다가 갑자기 가슴이 두근거려 당황하셨다고 합니다. 교회 공사 문제로 몇 주째 신경을 썼는데 그 때문인지 평소와 달리 몸이 굳고 숨이 가빠 말이 잘 나오지 않았습니다. 겨우 설교를 마치고 당회실에서 쉬었더니 좀 나아진 듯했습니다. 그런데 2부 예배를 인도하러 예배당에 들어간 순간, 다시 심장이 두근거리는 것이었습니다. 이처럼 과로하거나 스트레스를 받으면 말하기 불안증이 나타날 수 있습니다. 증상은 각기 다르게 나타납니다. 제일 당황스러운 경우는 무슨 말을 할지 생각나지 않는 거지요. 그보다는 좀 덜한 경우 식은땀이 나고 숨이 가쁘고 목소리가 잘 나오지 않기도 합니다. 성도들이 눈치채지 못한다 해도 말하는 자신은 증상을 자각합니다. 한번 이런 증상이 나타나기 시작하면 불안은 커지고 설교를 망칠까봐 조마조마해집니다. 그런데 불안증은 누구나 가지고 있는 것입니다. 강사, 가수, 아나운서에 이르기까지 무대에 서는 사람이라면 대개 한 번쯤 이런 증상을 겪습니다. 베테랑 가수도 무대 공포증을 느낀다고 하지요. 그러니 괜찮습니다. '나만 그런 게 아니구나'라는 생각만으로도 한결 편안해질 겁니다.

불안증은 심리적인 압박을 느낄 때 나타나는 몸의 반응입니다. 사람은 극도의 스트레스가 오면 감각 정지를 경험하게 됩니다. 눈앞이 깜깜하다, 숨쉬기가 힘들다, 정신이 없다 이런 것들은 심장 박동수가 빨라지며 나타나는 자연스러운 현상입니다. 미국의 법집행관 스티브 드르제뷔에키는 심장 박동수의 변화에 따라 감각이 어떻게 영향을 받는지 소개하고 있습니다.* 안정적인 상태의 심박수(50~80bpm)에서는 모든 감각이 정상을 유지하지만 115~145bpm 정도가 되면 전투 태세로 들어갑니다. 이 단계에서는 비상 상황임을 인지하고 몸이 생존에 최적화된 상태로 협

---

* Steve Drzewiecki, 법률 집행시 생존 스트레스, 트래버스시티 경찰서
  경찰 직원 및 지휘학교 프로그램(2002)

력해 움직입니다. 소근육 운동기술은 저하되지만 복합적인 운동 기술은 최고조에 이릅니다. 심장이 155bpm 이상으로 뛰면 감 각 정지 상태가 됩니다. 주변을 살피는 인지 능력도 떨어지고 실 제로 시력과 청력이 감소합니다. 감각이 마비된 듯 몸이 잘 작동 되지 않지요.

실력이 뛰어난 축구 선수가 어이없는 실수를 할 때가 있는데 이는 감각 정지 상태에 빠졌기 때문입니다. 전속력으로 달리며 격렬한 신체 운동을 해서 심장 박동수가 증가하면 운동기술이 떨어져 실축할 가능성이 높아지는 거지요. 그러므로 선수는 적 절한 긴장 상태에 있어야 합니다. 긴장이 풀리면 최선을 다하지 않겠지만 너무 긴장해도 기량을 발휘하지 못합니다.

스피치를 할 때도 적절한 긴장감은 오히려 도움이 됩니다. 적 당히 스트레스를 받으면 평소 실력보다 더 잘해낼 수 있는 비상 한 힘이 생기기도 합니다. 문제는 과도한 긴장 상태입니다. 다음 말이 생각나지 않거나 숨이 가빠 목소리가 나오지 않으면 일단 숨을 고르는 데 집중하십시오. 마인드 컨트롤 역시 몸이 정상 범 위 안에 있어야 가능합니다. 숨을 깊게 들이쉬었다 천천히 내쉬 며 심장 박동수를 낮춰야 합니다. 호흡을 늦추면 확실히 효과가 있습니다. 말하기 불안증이 오면 이 처방전을 기억하세요. '호흡 을 천천히 깊게 하라.'

그런데 불안증은 왜 나타나는 걸까요? 원인을 알면 정체 모를 대상과 싸우는 막막함을 해소할 수 있습니다. 대부분의 불안은 실패에 대한 두려움에서 옵니다. '실수하면 어떡하지?' '사람들한테 웃음거리가 될지도 몰라.' '중간에 내용을 잊어버리면 큰일 날 텐데….' 꼬리에 꼬리를 무는 부정적인 생각들은 불안증을 키웁니다. 하지만 불안은 한 번 생기면 지속되는 게 아니라 상황에 따라 가라앉을 수 있습니다. 말하기 전에 나타나는 불안 심리는 4단계의 과정을 거치면서 변화합니다.

예감: 준비 과정에서 불안감이 올 것이라고 느낌.
직면: 시작을 전후해서 강한 불안감에 빠짐.
적응: 스피치를 하며 심리적인 변화를 맞이함.
해방: 스피치가 끝나며 모든 불안감에서 벗어남.

이 가운데 세 번째 단계인 심리적 적응 과정에 주목해야 합니다. 불안증은 말을 시작하고 전달에 집중하면 점점 사라집니다. 그렇기 때문에 첫 시작 5분을 세심하게 준비하고 연습해야 합니다. 발표 불안증은 시작 전후 5분 사이에 극심해지므로 도입부를 잘 준비하면 불안증을 다스리며 다음 단계로 순조롭게 넘어갈 수 있습니다. 전체 설교를 연습할 시간이 없다 해도 도입부 예행 연습만큼은 꼭 하시기를 바랍니다. 첫 5분은 목사님과 성도들 사이에 소통의 다리를 놓는 시간이기에 골든타임을 놓치지 않도록 집중해야 합니다.

자신에게 긍정의 메시지를 보낼 필요도 있습니다. '떨면 안 돼' '나는 항상 말을 더듬어' 등 이렇게 부정적이거나 단정 짓는 말보다는 기운이 나는 말을 되뇌어봅니다. 이때 '정신 차리자' '집중하자' 이런 모호한 말보다는 구체적인 방법을 담은 말이 좋습니다. 막연히 '잘할 수 있다'보다는 '오늘은 성도들과 시선을 맞추는 데 집중해보자' '호흡을 가다듬으며 말하자' 등 정확한 목표를 정하고 생생하게 모습을 그려보면 도움이 됩니다. 자신감 있게 설교하는 모습을 상상해보세요. 여유 있게 성도들 앞에 서는 모습, 힘 있게 말씀을 전하며 소통하는 모습을 이미지화하는 것입니다.

적응 단계가 온다는 것을 알면 불안을 긍정적으로 받아들일 수 있습니다. 불안증도 마음의 일부입니다. 그것을 다스릴 수 있는 힘이 이미 우리 안에 있습니다. 심각한 정도가 아니라면 오히려 성도들은 목사님의 긴장한 모습을 기대하는지도 모릅니다. 그것은 새로운 말씀을 기대하는 성도들의 설렘이나 떨림과 다름없기 때문입니다.

스피치에 맞는 몸짓언어

'메라비언의 법칙'이라는 스피치 이론이 있습니다. 상대에 대한 인상이나 호감을 결정하는 데 어떤 요인이 비중을 차지하는지 관찰한 연구로, 앨버트 메라비언Albert Mehrabian이 저서 『침묵의 메시지Silent Message』(1971)에서 제시한 개념입니다. 이에 따르면 다른 사람에게 가지는 호감의 요인 가운데 말하는 내용은 7퍼센트, 목소리가 38퍼센트, 표정이 35퍼센트, 태도가 20퍼센트의 영향을 끼친다고 합니다. 대면face-to-face 커뮤니케이션은 어휘, 목소리 톤, 신체 언어 세 가지 요소로 이루어지는데, 내용은 7퍼센트뿐이고 대부분 비언어적 요인에 영향을 받는다는 뜻입니다. '어떤 말'을 하느냐보다 '어떻게' 말하느냐가 더 중요하다고 볼 수 있는 결과이지요.

이것을 확대해석해서 내용이 그 정도밖에 중요하지 않으니 나머지에 집중하면 된다고 생각하면 곤란합니다. 내용에 어울리는 표정과 태도를 갖춰야 한다는 뜻이거든요. 커뮤니케이션의 세 요소인 내용, 청각, 시각이 조화를 이루어야 하는데 그게 아니라면 통상 내용보다는 청각적, 시각적 요소를 더 신뢰한다는 거지요. 예를 들어 누군가 괜찮다고 말은 하는데 표정이 안 좋을 때 말보다 표정에서 보이는 정보를 더 믿게 됩니다.

간혹 설교할 때 화를 내듯 언성을 높이는 목사님이 있습니다. 강조할 때 강조하고 풀어줄 때 풀어주어야 자연스럽게 따라갈 수 있는데 계속해서 목소리를 높입니다. 듣다 보면 힘이 들고 혼나고 있는 기분도 듭니다. 모두 중요한 내용이라 그럴 수도 있지만, 역설적으로 어느 하나도 중요하지 않다는 말도 됩니다.

예수님의 사랑을 전하는데 표정이 경직되어 있다면 마음이 편치 않습니다. 설교 내용보다는 목사님의 비언어적인 감정에 더 예민해지기 때문입니다. 이렇듯 전하는 방식과 태도 역시 중요합니다. 내용과 형식이 조화를 이룰 때 메시지는 의도한 대로 전달됩니다. 그럼 비언어적 요소인 몸짓언어, 시선, 제스처에 대해서 살펴볼까요?

임태섭은 『스피치 커뮤니케이션』(2010)에서 몸짓언어의 중요성을 다음과 같이 정리했습니다.

- 말을 통해 전달되는 내용이 어떻게 해석되어야 하는지 힌트를 제공한다.
- 연사의 감정 상태를 드러낸다.
- 말을 통해 전달되는 메시지를 보완해주는 역할을 한다.

듣는 사람이 말의 내용을 해석할 때 참고할 만한 정보가 몸짓언어입니다. 몸짓언어를 통해 연사의 감정을 느낄 수 있고, 말로 하지 않는 정보들도 알아차릴 수 있습니다. 그래서 몸짓언어를 적절히 구사하면 스피치의 효과가 배가됩니다.

함께 공부하던 전문 코치 한 분이 자기 스피치를 좀 봐달라고 한 적이 있습니다. 공기관에서 임원으로 있다가 퇴직한 후 경영자 코칭을 배우는 열정적인 분이었지요. 수업 받은 대로 잘하고 있는지 궁금하다고 했습니다. 그러면서 연단에 나가 3분 스피치를 했습니다.

저는 보고난 뒤에 좀 고민이 되었습니다. 연극하듯 열성을 다했지만 평소 그분의 매력은 전혀 살아나지 않았습니다. 대본의 지문을 그대로 옮긴 듯한, 몸동작이 하나하나 계산된 듯 보였어요. 원고를 충분히 암기해 틀리지는 않았지만 웅변조의 말투였고, 그러다 보니 정작 내용이 잘 들어오지 않았습니다. 내용과 형식이 조화를 이루어야 하는데 포장법만을 배운 듯했습니다. 자신의 특성에 맞춘 것이 아니라 만들어놓은 옷을 입은 것 같았지요. 말에 제스처가 어울려야 하는데 과한 제스처에 말이 묻히고 있었습니다. 말과 몸동작은 따로 연습해서 하나로 맞추는 게 아닙니다. 내용에 집중해서 전달하면 자연스러운 몸동작이 나옵니다. 친구와 대화를 나눌 때 손동작을 계산하는 사람은 없습니다. 이렇게 사적인 대화든 공적인 스피치든 비언어적인 요소 측면에서는 비슷합니다.

명배우는 대본을 그대로 체화하지만 신인 배우는 대사와 몸짓이 연결되지 않아 부자연스럽게 보입니다. 어색한 몸짓은 메시지 전달에 방해가 됩니다. 그보다는 말에 집중하십시오. 말에서 느껴지는 감정에 몰입하면 몸은 자연스러워집니다.

이런 이유로 몸짓언어에 대해서는 상세히 더 말씀드리지 않겠습니다. 어깨를 펴고 자신감 있는 태도로 강단에 서되, 제스처는 절제하라는 정도만 말씀드리고 싶습니다. 손은 주머니에 넣거나

하지 말고 언제든 사용할 수 있도록 편하게 풀어두세요. 두 발은 든든하게 바닥을 딛고 있어야 합니다. 삐딱하게 서 있거나 무게 중심을 이리저리 옮기면 불안정해 보입니다.

눈을 마주쳐야 마음이 열린다

비언어적인 요소 가운데 가장 중요한 것이 시선입니다. 다른 요소는 간략히 설명했지만 이 부분만큼은 특별히 강조합니다. 말은 입으로 하고 귀로 듣지만 소통은 눈으로 합니다. 시선은 메시지가 전달되고 청중의 반응이 오가는 통로입니다. 관심이 생기면 시선이 가고 좋아하면 자꾸 쳐다보게 되지요. 싫은 사람은 눈길부터 피하고 듣기 싫은 말을 하면 외면합니다. '한눈판다'는 말은 단순히 딴 데를 보는 것이 아니라 마음이 다른 곳에 가 있다는 뜻입니다. 그렇습니다. 마음 가는 곳에 시선도 갑니다. 청중의 마음을 끌려면 반드시 시선을 잡아야 합니다.

설교할 때 목사님의 감정도 시선을 통해 가장 잘 느낄 수 있습니다. 생기 있는 시선은 무미해질 수 있는 설교 현장을 깨어 있게 합니다. 한 사람 한 사람 눈을 맞춘다는 마음으로 시선을 두루 두어야 합니다. 설교를 듣는 성도 모두가 말씀에서 소외되지 않아야 합니다.

저는 인터뷰 프로그램을 오래 진행하면서 방송에서도 시선 처리가 중요하다는 것을 깨달았고 그 부분에 대한 나름의 노하우도 터득했습니다. 입사 초기에 처음 인터뷰했던 일이 기억납니다. 원고도 다 못 봤는데 피디의 요구는 많고 생방송 시간은 다가오니 피가 마르는 것 같았습니다. 드디어 초대 손님과 스튜디오에 마주 앉았습니다. 방송이 시작되자 원고 보랴, 시간 확인하랴, 스텝들 사인 보랴 정신이 없었습니다. 그러다 보니 정작 앞에 있는 초대 손님과는 눈도 제대로 못 맞추고 방송이 끝났습니다. 시간에 맞춰 큰 사고 없이 무난히 마쳤지만 만족스러운 인터뷰는 아니었습니다.

그 후 방송을 거듭하며 눈을 마주보고 소통하는 것에 훈련이 되었습니다. 진행자가 원고를 보고 있으면 초대 손님은 시선을 어디에 둘지 몰라 본인도 원고를 보게 됩니다. 그러면 서로 쳐다보지도 않고 각자 원고를 줄줄 읽어가게 됩니다. 정말 재미없는 인터뷰가 되는 거지요. 진행자가 시선을 주지 않으면 초대 손님은 불안해집니다. 어느 대목의 질문인지 확인하고 준비한 답변을 읽기에 급급하지요. 진행자는 원고에 매이지 않고 눈을 맞추면서 초대 손님이 자신의 진솔한 이야기를 꺼낼 수 있게 이끌어야 합니다. 말하는 사람과 듣는 사람 사이에 막힘이 없도록 통로를 열어야 합니다.

화자와 청자의 통로인 시선을 확보하는 일은 설교 전달 단계에서 각별히 신경 써야 합니다. 모든 성도에게 말씀이 가 닿기를 바라는 마음을 눈길에 담아야 합니다.

먼저 감동하라

말씀을 전할 때는 감정을 생생히 살려야 합니다. 그렇다고 '연기를 하라'는 뜻은 아닙니다. 연기는 실제가 아닌데 실제인 양, 즉 없는 것을 만들어내는 것이지만 감정을 살리라는 말은 실제 느낀 것을 풍부하게 표현하라는 뜻입니다. 같은 이야기도 전하는 사람에 따라 분위기가 달라집니다. 감정을 살려 말하면 몰입하며 이야기를 따라가게 되지요. 무뚝뚝한 얼굴로 덤덤하게 말하면 덩달아 무심히 듣게 됩니다. 내용과 구성도 다르겠지만 같은 원고라면 '얼마나 감정이 살아 있는가' 그 부분이 전달의 차이를 가져옵니다.

말에는 다양한 감정이 있습니다. 실어 보내는 만큼 전달됩니다. 그런데 '한 치 건너 두 치'라는 속담처럼 감정은 건너갈 때마다 강도가 약해집니다. 나는 정말 좋았지만 상대가 나와 똑같이 느끼지는 않습니다. 그래서 감정의 증폭이 필요합니다. 감정을 자연스럽게 전달하려면 말하는 사람이 먼저 진심으로 그렇게 느껴야 합니다. 자신이 느낀 감정을 상대방도 처음 그대로 느끼도록 해야 합니다. '누가 그러는데 좋다고 합니다'와 '제가 해보니 정말 좋습니다'는 말의 힘이 다르지요. 자신의 경험을 느낀 그대로 전달할 때 생생하게 받아들입니다.

감정이라는 말을 은혜로 바꿔볼까요? 목사님이 먼저 은혜를 받아야 합니다. 은혜를 충만하게 받아야 열정을 다해 전할 수 있고 성도들도 동일한 은혜를 받을 수 있습니다. 목사님이 자신의 설교 내용에 충분히 설득되어야 성도들도 설득할 수 있습니다. 설교를 준비하는 과정에서 느낀 감정이 연단에서도 똑같이 전달되어야 합니다.

목표관리 다시 점검하기

이제 설교 코칭이 끝났습니다. 처음 작성했던 목표관리 작성표를 꺼내보세요. 처음 세웠던 목표가 어떻게 진행되었는지, 한 주 한 주 어떤 변화가 있었는지 점검해봅니다. 이제 앞으로 집중해야 할 새 목표를 세울 시간입니다. 처음에는 막연했을지 모르지만 한 번 해보았으니 좀 더 구체적으로 정리할 수 있겠지요. 이런 질문을 하며 새로운 목표를 정해보세요.

• 내가 바라는 것은 무엇인가?
• 그것을 이루기 위해서 어떤 방법을 시도할까?
• 나를 도와줄 사람은 누구이며 이용할 자원은 무엇인가?

땅의 조건을 이기는 씨앗

예수께서 비유로 여러 가지를 그들에게 말씀하여 이르시되 씨를 뿌리는 자가 뿌리러 나가서 뿌릴 새 더러는 길가에 떨어지매 새들이 와서 먹어버렸고 더러는 흙이 얇은 돌밭에 떨어지매 흙이 깊지 아니하므로 곧 싹이 나오나 해가 돋은 후에 타서 뿌리가 없으므로 말랐고 더러는 가시떨기 위에 떨어지매 가시가 자라서 기운을 막았고 더러는 좋은 땅에 떨어지매 어떤 것은 백 배, 어떤 것은 육십 배, 어떤 것은 삼십 배의 결실을 하였느니라 귀 있는 자는 들으라 하시니라(마태복음 13:3~9).

우리는 씨 뿌리는 사람의 비유를 잘 알고 있습니다. 옥토 같은 마음으로 말씀을 받아서 좋은 열매를 맺어야겠다고 다짐하지요. 주일학교 때부터 지금까지 저 역시 그렇게 이해해왔습니다. 그런데 어느 날 성경을 읽다가 마지막 문장에 새삼 눈이 갔습니다. "귀 있는 자는 들으라 하시니라." 왜 예수님은 말씀을 마치신 뒤에 마지막으로 이렇게 언급하셨을까. 들을 사람은 다 들었을 텐데, 다시 한번 새기라는 뜻인가. 사실 우리는 귀가 있어도 듣지 않는, 즉 말소리는 듣지만 정작 그 내용에 귀를 기울이지 않을 때가 참 많지요. 저도 이 말씀을 다 안다고 생각하여 절반은 흘려들었음을 인정합니다.

설교 코칭을 하면서 이 비유를 새로이 묵상합니다. 땅의 관점에서 보아왔다면 씨 뿌리는 사람의 처지에서 봅니다. 씨를 뿌렸는데도 열매를 내지 못하는 땅을 보면 농부는 얼마나 애가 탈까요. 저라면 처음부터 옥토에만 씨를 뿌리고 싶을 것 같습니다. 하지만 성경의 농부는 땅을 차별하지 않습니다. 뿌릴 수 있는 곳이면 어디든 씨를 뿌립니다. 열매를 맺든 못 맺든 그것은 땅의 소관이며, 자신은 소임대로 뿌릴 뿐입니다. 오늘날 목사님들도 이런 마음으로 복음을 전하시겠지요? 하지만 예배 시간에 말씀을 건성으로 듣는 이도, 심지어 졸고 있는 사람들도 있습니다. 힘차게 '아멘' 하지만 교회를 나서면 이내 그 마음은 사라집니다. 그런 모든 이들에게 목사님은 말씀을 전하는 것입니다. 애써 뿌린 씨앗이 새의 먹이가 되고 기대했던 싹이 말라버리는 풀을 보는 농부의 심정 같을 것입니다. 그렇게 보니 말씀을 듣고도 거듭나지 못하는 우리를 향한 하나님의 답답한 심정이 헤아려집니다.

또 씨앗을 묵상해봅니다. 봄날 보도블록 사이의 작은 틈으로 피어난 민들레, 깎아지른 절벽에 매달리듯 자라는 나무를 본 적이 있지요? 우리는 그 강인한 생명력에 경이로움을 느낍니다. 말하자면 땅의 조건을 이겨낸 씨앗입니다. 어디에 떨어지든 뿌리를 내리고 싹을 틔우고 꽃을 피우는 것입니다. 말씀의 씨앗도 이처럼 '기운 센 천하장사'를 만들 수 없을까요? 복음의 본질이 오롯이 담겨 있되 토양에 적합한 맞춤형 씨를 뿌릴 수 없을까요? 세상은 옥토보다 황무지가 더 많습니다. 밭갈이가 된 땅보다 잡초가 무성한 땅이 더 많지요. 우리의 마음밭도 그렇습니다. 흔들리기 쉽고 연약하고 취약하며 완악합니다. 그런 까닭에 역설적으로 복음은 더 큰 의미가 있겠지요. 닫힌 마음을 파고드는 생명력 있는 말씀의 씨앗이 절실합니다. 돌밭이나 길가나 가시밭 같은 마음에 싹을 틔우려면 말씀의 씨앗은 어떻게 해야 하는지, 그 구체적인 모습을 목사님과 함께 만들어보고 싶었습니다. 그것이 목회자를 돕는 스피치 코치의 작은 역할이라고 생각합니다.

세상이 교회를 걱정하고, 목회자에 대한 인식이 예전 같지 않은 현실이지만 그럼에도 저는 좋은 목사님들이 훨씬 더 많다고 확신합니다. 보이지 않는 곳에서 묵묵히 일하며 선한 영향력을 미치는 목사님들을 생각합니다. 저는 목사님들을 도울 수 있는 것이 무엇일까 고민하다가 제게 주신 달란트인 '말하기'를 설교에 연결해보았습니다. 그리고 목회자 스피치 코치로 활동하게 되었고 이 책을 쓰게 되었습니다. 설교 스피치가 달라지면 말씀에 힘이 생기고, 성도와의 소통이 원활해진다면 더 많은 이들이 하나님 뜻을 제대로 알아 삶의 현장에서 실천할 것입니다.

지금까지 8회차 설교 코칭 과정을 함께 했습니다. 큰 변화를 만들어내기에는 부족한 시간이지만 전달에 대한 부담을 조금은 덜어낼 수 있다면 좋겠습니다. 책의 부제가 '말씀 전달의 기술'인데, 여기서 '기술'은 요령이나 기교가 아닙니다. 하나님과 성도 사이를 어떻게 하면 가까워지게 할 수 있는지 고민하는 '자세'라고 생각합니다. 이 책이 그런 작은 변화의 계기가 되기를 바랍니다.

설교에 대한 짧은 대화
김동호 서정오 목사를 만나다

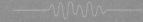

먼저 은혜를 받아야 합니다

김동호 목사님을 처음 만난 것은 2001년 CBS 파업 때였습니다. 9개월의 장기파업으로 심신이 지칠 대로 지쳐 있을 때 노조원들은 마지막 힘을 내 단식 기도회를 이어갔습니다. 스튜디오에 깔린 스티로폼 위에 누워 시간이 흐르기만을 기다렸지요. 단식 사흘째, 그런 우리 앞에 말씀을 전하러 목사님이 오셨던 것입니다. 예의상 일어나 앉긴 했지만, 듣고 싶은 마음은 별로 없었습니다. 그런데 고개를 숙인 채 기운 없이 있던 저에게 말씀이 들리기 시작했지요. 우리 사정을 이해해주는 말씀도 아닌데 서운하지 않았으며, 다만 따뜻하고 힘있는 어떤 메시지가 마음을 뭉근하게 누르며 눈시울이 붉어졌습니다. 하나님이 위로해주시는 기분이 들었지요. 지금도 인상 깊었던 설교로 기억합니다.

이후 목사님의 설교를 자주 찾아 들었습니다. 목사님은 쉬운 말, 들으면 바로 이해할 수 있는 말로 말씀을 전하는 큰 장점이 있습니다. 제가 평소 생각해왔던 '설교는 말이다'라는 관점을 정말 잘 구현해주시는 분입니다. 구성이 명확해 주제의 맥락이 잘 드러나고, 전체 메시지가 하나의 핵심 메시지로 잘 정리되어 그 야말로 교과서 같습니다.

목회 초반에 설교가 힘들었다고 페이스북에서 말씀하신 일이 있습니다.

— 처음 전도사가 되었을 때 교회가 정말 좋았어요. 평생 목사로 살면 행복할 것 같았지요. 나는 주일학교 전도사였어요. 아이들과는 말이 잘 통하지 않습니다. 발달 단계상 얌전히 앉아서 설교를 듣고 은혜받는다는 게 불가능합니다. 아이들 대하기가 어려웠고 그만큼 설교도 어렵더라고요. 목사로 사는 건 좋은데 설교만 안 하면 좋겠다고 생각할 정도였지요. 그때 내가 일생에서 제일 잘한 결단이 있어요. 그 어려움을 뛰어넘게 해달라고 기도한 거지요. 아이들도 은혜받는 설교를 하게 해주세요. 말할 수 있게 해주세요…. 간절히 기도했어요. 대개 "다 그런 거야. 애들은 원래 그래"라고 했는데 나는 그런 말을 받아들일 수가 없었지요.

어려움을 극복한 과정이 궁금합니다.

— 그렇게 기도하다가 문득 전하는 방식에 대해 생각하게 되었어요. 내가 받은 대로 전하면 아이들은 알아들을 수가 없거든요. 어떻게 말할까, 어떻게 표현할까… 정말 많이 고민했어요. 그리고 설교를 '이야기'로 전하기 시작했어요. 이 말씀을 어떤 이야기로 만들어야 아이들이 이해할 수 있을까? 질문하게 된 거지

요. 당시는 설교를 이야기라고 생각하지 않을 때였는데, 나는 그런 관점으로 봤어요. 설교는 이야기다.

설교를 위해 간절히 기도하니까 꿈속에서도 그 방법이 보였어요. 아, 이걸 이렇게 하면 되겠구나, 이 구절은 이렇게 말하면 되겠구나…. 하지만 아침에 일어나면 도무지 생각나지 않았고, 얼마나 답답했는지 몰라요. 그러기를 반복하다가 아예 머리맡에 펜과 종이를 두고 잠들었어요. 눈을 떴을 때 기억이 남아 있다면 그 생각과 깨달음들을 기록했지요. 그때 익힌 잠자리 메모 습관이 지금까지 이어지고 있습니다.

지금 돌아보면 설교를 그때 제일 잘했던 것 같아요. 무슨 뜻이냐 하면 내가 전한 말씀이 아이들에게 그대로 전해지고, 또 아이들이 느낀 마음이 온전히 나에게 돌아왔다는 말이에요. 아이들 설교가 그토록 힘들더니 이제는 설교할 때마다 전율이 왔지요. 설교는 커뮤니케이션이거든요.

내가 열 개의 감동을 전했다고 하면 듣는 사람이 그 열 개를 그대로 받지요. 내가 느낀 말씀의 은혜가 누군가에게 전해지는 모습을 보게 되어요. 그럼 그 은혜가 어느새 나에게 스무 개로 와요. 감동이 커져가는 것을 느낄 때 전율이 오지요. 아이들과 말이 통하기 시작했어요. 설교 시간에 은혜를 받고 있음을 느꼈어요. 그렇게 교감하는 설교를 했지요.

설교 스피치라고 하면 발성, 발음, 호흡 등을 떠올리는데, 그보다 먼저 목사님께서 말씀하신 커뮤니케이션에 주목해야 할 것 같습니다.

— 대개 내가 받은 것을 받은 방식 그대로 이야기하면 잘 통하지 않아요. 커뮤니케이션에 실패하지요. 상대방이 누군지 알아야 합니다. 코드를 바꿔야 해요. 나하고 음역대가 다르니까요. 쉽게 말해 이야기를 C코드로 시작했는데 이 대목에서는 D코드로 바꾸는 거지요. 그렇게 코드를 찾으며 이야기를 해야 내가 받은 감동을 그 사람에게 전할 수 있어요.

신학교에서는 설교에 대해 어떻게 배우셨는지요?

— 신학교에서 설교학을 배웠는데 잘 받아들일 수가 없었어요. 내 방식을 찾아야겠다는 생각이 들었습니다. 이를테면 설교할 때 대지를 나눠서 대개 세 가지 내용을 전하라고 하는데 나는 한 가지 주제에만 집중하고 싶었어요. 세 가지를 전하면 사람들이 듣다가 첫 번째 두 번째 이야기가 뭐였지 놓칠 수 있거든요. 나는 설교가 길어도 한 가지만 이야기하려고 해요. 설교는 잘 들리는 말로 한 가지 이야기를 하는 거라고 생각합니다.

나는 성경을 말하듯이 이야기로 풀어요. 처음에 어린이를 대상으로 하면서 이야기로 전하기 시작한 건데 나중에 어른을 대상으로 설교할 때도 마찬가지로 이야기로 풀어갔지요. 어린이도 어른도 똑같다고 생각합니다. 어려운 내용을 평이한 언어로 쉽게 풀어야 합니다. 사실 어려운 이야기를 어렵게 말하는 것은 오히려 쉽지요. 그러니까 나중에 설교에서 스토리텔링이 나오게 되었어요. 지금은 스토리텔링이라는 말이 일반적으로 쓰이지만, 예전에는 그런 개념이 없었어요. 설교는 웅변조로 하는 거라고 다들 생각했지요.

원고 준비는 어느 정도로 하세요?

— 설교 준비가 어렵지는 않습니다. 많은 이야기를 하려고 하지 않으니까요. 하나만 붙들면 됩니다. 원고는 전체를 글로 다 써요. "~합니다. 그랬습니다"라는 말까지 다 쓰지요. 원고를 쓰지 않으면 시간을 맞출 수도 없고, 조리 있게 말할 수도 없어요. 사실 나는 주일 설교 때 원고를 읽어요. 물론 사람들을 보지만 원고 보는 시간이 더 많아요. 보통 A4 용지로 6~7장 써서 30분에 다 읽는 거지요. 나는 글과 말이 같아요. 글을 말처럼 쓰니까 읽어도 말로 들립니다.

설교를 구상하는 과정이 궁금합니다.

— 설교를 이야기처럼 쉽게 풀어가지만 사실 그 안에는 논리적인 설계가 있습니다. 핵심 메시지를 전달하기 위해서 세부적인 내용들을 짜 맞추는 거지요. 이런 논리적인 구조를 갖추어야 사람들이 잘 이해할 수 있습니다. 그래서 내 말에는 '그러니까,

그래서, 그러므로' 이런 접속사가 없어요.

나는 쉽게 설교하는 것을 원칙으로 하고 있습니다. 보통 다른 목사님들이 한 번에 할 설교를 열 번에 해요. 조금씩 나누어서요. 준비도 어렵지 않아요. 하나만 이야기하니까요. 하나의 메시지를 전하기 위해서 몇 가지 이야기를 가져오는 거지요. 내가 받은 은혜가 곧 설교의 메시지입니다. 나에게 왔던 감동을 하나씩 전해준다고 생각하고 설교를 준비합니다. 같은 본문을 가지고 해도 매번 달라질 수 있어요. 말씀 한 구절에 열 개의 감동이 오면 하나씩 전하는 거지요.

설교는 다른 연단 스피치와 무엇이 다를까요?

— 일반 스피치는 사람의 생각에서 나온 것이고 설교는 하나님에게서 나오는 말씀이지요. 사람들이 깨달은 진리도 감동이 있어요. 그런데 목사는 그 이상을 말해야 하지요. 우리는 소리이고 말씀은 저기에 있습니다. 설교를 하면서 말씀의 진리를 깨닫는 순간이 정말 좋아요. 하나님이 말씀을 하시는데 거기에 있는 그분의 마음을 전하는 게 설교예요. 그러니 일반 스피치와는 다르지요.

성도 입장에서는 목사님 설교에 대해 피드백하기가 어려워요.

— 어느 목사님이 들려준 우스갯소리가 있어요. 설교를 하는

데 어떤 교인이 졸고 있더래요. 그 옆에 있던 사람에게 깨워달라고 했더니 이렇게 말하더래요. "목사님이 재워놓고 왜 저한테 깨워달라고 하세요?" 뼈 있는 농담이지요. 교인이 졸았다면 그 사람 책임도 있지만 졸리게 한 목사 책임도 있어요. 내가 어떻게 설교했기에 조는 걸까? 고민해야 해요. 말씀을 전하는 건 열심히 공부하고 노력하고 아파하고 안타까워하는 일입니다.

설교에서 발음이나 호흡 같은 부분에 대해 어떻게 생각하시는지요?

— 같은 내용이라도 어떻게 스피치를 하느냐에 따라 전달력이 달라져요. 말끝이 분명하지 않으면 귀를 기울이다가 나중에는 집중력이 떨어져요. 사람들이 편안한 자세로 들어야 하는데, 무슨 말이지 하며 몸을 앞으로 기울여야 한다면 말씀 듣는 자체가 힘들어져요. 전달력을 위한 훈련이 필요합니다. 음향도 중요해요. 설교 전에 찬양을 하잖아요. 설교가 시작되면 말소리에 맞춰 음향이 맞추어져야 해요. 내용도 중요하지만 음향, 음색, 발음도 중요하지요. 나는 신학교에서 그런 훈련을 제대로 못 받았지만 그 부분의 공부가 필요해요.

페이스북에서 설교로 소통하고 계십니다. 어떤 의미인가요?

— 주일마다 페이스북에 설교 전문을 올려놓아요. SNS 글은 설교 원고처럼 길게 쓸 수는 없어서 더 단순한 형태가 되지요.

사족이나 중복된 말을 지웁니다.

　나는 천생 설교하는 사람이잖아요. 그동안은 제한된 공간에서 늘 만나는 성도 앞에서 설교했는데 2011년부터 페이스북을 하면서 더 많은 분들과 소통하게 되었어요. 페이스북에는 생생한 호흡이 있어요. 상처도 있고 비판도 있지만 살아 있는 공간이지요. 건물이 없는 교회에서 사람들을 만나는 셈이지요.

　처음에 우리 애들이 그렇게 길게 쓰면 사람들이 안 읽는다고 하더군요. 설교를 누가 읽겠느냐고 그러기에 몇 사람이라도 읽으면 된다는 생각으로 시작했지요. 요즘 젊은이들은 심각하고 복잡한 거 싫어한다고 하지만 그거야말로 편견이라고 생각해요. 가벼운 사람, 진지한 사람이 따로 있는 게 아니에요. 우리 안에는 그 모든 모습들이 있어요. 그런 양면성이 바로 사람이고 매일 살아가는 일상이지요. 나 자신도 그렇거든요. 저는 짧은 글을 쓰기도 하고 긴 설교문을 올리기도 하는데, 페이스북에 오시는 분들은 모든 글을 읽고 댓글을 남기고 합니다. 내게는 의미 있는 일이에요. '공유', 나는 그 말이 참 좋아요.

설교를 위한 특별한 독서법이 있을까요?

　— 저는 좋은 책이 있으면 아주 정독해요. 은혜를 설익게 받으면 금방 사라져요. 책도 마찬가지예요. 읽고 또 읽고 거기에 내 생각을 집어넣고 다시 생각해요. 치밀하게 읽고 나의 것으로 만

들어요. 성경 말씀도 완전히 흡수할 때까지 읽기를 반복해요. 음식물이 들어왔다가 영양분이 되지 못하고 그냥 나가는 게 많잖아요. 말씀도 그래요. 살이 되고 피가 될 때까지 그 말씀을 음미해요. 하나도 놓치지 않도록 말씀에 귀를 기울입니다.

설교자에게 가장 중요한 것은 무엇일까요?

— 설교를 하는 사람은 귀가 좋아야 해요. 못 들으면 말을 못해요. 들은 것만큼 말을 해요. 받은 은혜가 있어야 설교를 할 수 있습니다. 제게는 '듣는 은사'가 있어요. 성경을 읽으며, 다른 목사님들의 설교를 들으며 은혜를 잘 받습니다. 매일 감동이 있고 감격이 있지요. 그것이 설교에서 가장 중요하다고 생각해요. 은혜를 받아야 전할 수 있습니다.

은혜를 받으면 내가 받은 감동을 숨길 수가 없어요. 받은 은혜가 없다면 그게 고스란히 느껴집니다. 바지 주머니에 넣은 송곳은 감출 수 없지요. 받은 은혜가 적은데 말해야 할 게 많으니 빈약해지는 거예요. 무엇보다 은혜를 받는 것이 먼저입니다. 감동을 받은 사람의 설교와 감동을 만들어내려는 사람의 설교는 달라요. 은혜를 받으려면 자신이 한 설교를 그대로 살아야 합니다.

한 가지 예를 들어볼까요? 무씨와 배추씨가 있어요. 농사를 안 지어봐서 그게 뭔지 잘 몰라요. 그런데 설교 시간에 무씨와 배추씨에 대해 이야기를 해야 해요. 그럼 내가 알아야 하잖아요? 무씨인지, 배추씨인지… 알 수 있는 방법은 많아요. 인터넷으로 검색해도 되고 책을 봐도 되고 물어봐도 되지요. 그런데 제일 좋은 방법은 심어보는 거예요. 심어봐서 아는 것과 물어봐서 아는 것은 무엇이 다른가요? 말의 힘이 달라요. 책을 보고 간접적으로 알게 된 것은 '무씨래' 이렇게 말하지 '무씨다' 이렇게 말하지 않지요? 말이 달라요. 왜냐하면 양심이 있으니까요. 안 심어 봤잖아요? 그러니까 '무씨래, 배추씨래' 그러는 거죠.

칼뱅이 그랬어, 아무개 목사가 그랬어, 하며 다른 사람을 자꾸 갖다 대는 설교에는 힘이 없어요. 자신이 설교한 걸 살아내야 해요. 살다가 못 살았다는 것까지도 설교해야 해요. 그만큼 살아보려고 애썼다는 뜻이잖아요. 그럼 '무씨다, 배추씨다' 그렇게 말할 수 있지요. 말은 입으로만 하는 게 아니에요. 삶으로 전하는 것입니다.

첫 설교의 두려움을 간직한다면

10여 년 전, 주일 아침에 「교회 가는 길」이라는 프로그램을 진행했습니다. 아침 9시부터 11시까지, 말 그대로 교회 가는 길에 듣기 좋은 찬양과 말씀을 전하는 시간이었지요. 그때 방송에 말씀이 나간 한 분이 동숭교회 서정오 목사님이었습니다. 그동안 힘차게 웅변조로 전하는 설교를 많이 들었는데, 목사님은 곁에 앉아서 차분한 어조로 말씀을 해주시는 것 같았어요. 발음이 정확했고 목소리는 부드러웠습니다. 무엇보다 내용이 어렵지 않았고, 메시지는 설득력이 있었습니다. 얼굴을 직접 뵌 적은 없었지만, 말씀에 감화를 받은 저는 몇 년 동안 목사님의 설교를 열심히 찾아 들었습니다.

그러던 차에 「새롭게 하소서」의 공동 진행자로 목사님을 처음 만나게 되었고, 2년여 동안 즐겁게 방송을 같이했습니다. 목회하시기 전에 몇 년간 국어 교사로 일했다는 사실도 알게 되었는데, 설교문이 정갈한 이유를 알 수 있었지요. 목사님은 방송할 때나 대화할 때나 설교하실 때나 별로 차이가 없습니다. 언제나 말하듯이 자연스럽게 메시지를 전합니다. 말씀에 부드러운 카리스마가 배어나지요.

'설교'란 무엇이라고 생각하시는지요?

— 제 스스로 지금까지 배우고 다른 사람들이 생각한 것들을 제 나름대로 정리한 것일 텐데요. 평범한 말일지 모르나 저는 오늘 우리를 향한 하나님의 현재적인 뜻을 평신도들에게, 또는 말씀을 듣는 사람들에게 통역해주는 것이 설교라고 생각합니다. 다시 말해 설교자는 하나님의 말씀의 통역자이지요.

설교를 준비할 때 무엇을 가장 중요하게 생각하시나요?

— 설교는 당연히 하나님의 말씀을 전하는 일입니다. 그러니까 오늘 이 성경 본문을 통해 하나님이 우리에게 현재적으로 말씀하시고 싶은 게 무엇인지를 알아내야 합니다. 하나님의 메시지를 묵상하고 찾아내야 합니다. 하나님의 음성을 듣는 것이 무엇보다 중요해요. 오늘 우리를 향한 하나님의 메시지라는 생각만 분명하게 든다면, 심하게 말해 그 나머지는 어떠하든 상관없습니다. 말이 좀 틀리고 문장이 정확하지 않으면 또 어떻습니까. 그런데 요즘 후배 목사들 설교를 가만히 보면 그 자신도 오늘 주시는 하나님의 메시지에 대한 확신이 없는 경우가 많습니다. 메시지를 붙잡지 못하면 나머지는 다 빈말이 되지요. 다시 한번 강

조하면 하나님의 마음이고 하나님의 뜻이며 우리를 향하신 하나님의 메시지이지요.

그동안 수없이 많은 설교를 하셨을 텐데요, 설교의 방향이 궁금합니다.

— 가만히 돌아보면 이전에는 주제 설교를 했습니다. 현 시국, 그러니까 현대인들의 삶 속에서 기도하고 묵상하면 어떤 말씀이 필요하겠다고 느껴지는 주제들이 있었어요. 기도하는 중에 맞는 일종의 '감'이죠. 그 주제에 따라서 설교를 했어요. 그러다가 어떤 단계에서 이런 질문을 스스로 하게 되었어요. 내가 오늘 이 시대에 하나님의 메시지라고 생각하고 판단하고, 내 마음속에 온 감동에 따라 본문을 정해 설교하는 것이 정말 정확할 수 있을까? 그래서 칼뱅을 비롯한 종교 개혁자들이 취했던 방법, 창세기부터 차례대로 설교하는 이른바 강해 설교를 했지요. 그렇게 설교를 하다가 놀랍게 깨달은 점이 있어요. 성경 본문에 따라 차례대로 설교해나가는데 그때 그 시기에 맞는 메시지가 본문 속에 우러나오더라고요. 성령께서 하시는 일이라고 생각해요.

목사님께 가장 큰 영향을 준 선배님은 누구신가요?

— 신대원에 들어갔을 때 호주에서 박사학위를 받고 돌아오신 교수님이 있었어요. 조직신학을 공부하셨고, 정말 성실한 분이었지요. 자유신학이나 보수신학을 통틀어서 존경받는 교수님

이었는데, 제가 학교를 졸업한 이듬해에 과로로 그만 세상을 떠나셨어요. 그분 강의는 개설만 되면 신학생들이 모두 찾아갔어요. 강의실 의자가 200개면 300명 정도가 몰렸지요. 모든 학생이 들어갈 수가 없으니까 창문을 다 열어놓고 복도에서 듣고 그랬습니다. 신대원 졸업할 때 그분을 모셔서 마지막 당부를 부탁했더니 그때 하신 말씀이 있어요.

'외과의사가 맨 처음 수술실에서 사람의 배를 가를 때 피가 쏟아지면 그게 얼마나 두렵겠냐'고 하셨어요. 생명에 대한 경외감을 그 순간에 느낀다는 거지요. 처음 사람의 몸에 메스를 댔을 때 그 첫 두려움을 잊어버리지 않고 평생 수술을 한다면 그는 훌륭하고 좋은 의사는 아닐지 몰라도 적어도 형편없는 의사는 되지 않을 거라고 하셨어요. 강대상에 올라가서 맨 처음 말씀을 전하는 설교자가 얼마나 두렵고 떨리겠는가. 세상에서 별별 이야기 다 하던 그 입으로 거룩한 하나님의 말씀을 선포한다니 말이다. 그 첫 설교의 두려움을 평생 잊지 않을 수만 있다면 당신들은 하나님 앞에서 유명한 목사, 훌륭한 목사는 아닐지라도 적어도 망가진 목사는 되지 않을 것이라고 하셨지요.

지금까지도 그때 교수님이 한 말씀을 마음에 새기고 있습니다. 그분은 이어서 또 이렇게 말씀하셨지요. 외과의사가 처음에는 그렇게 두려운 마음으로 시작하지만 누구든지 한 번 긋고 두 번 긋고 십 년쯤 긋게 되면 수술실에서 아무 느낌도 없이 온갖

짓을 할 수 있다고요. 마찬가지로 처음 설교할 때의 두려움을 잊어버린 목사는 강대상에서 하나님의 말씀인지 누구 말인지도 모르고 떠들어댄다고 하셨습니다. 그러면 그는 더 이상 목사도 설교자도 아니라고 말이지요. 지금까지 저를 지켜줬던 것은 아마 그분의 유언 같은 말씀이었다고 생각해요. 그 후로 설교할 때 메시지뿐만 아니라 문장을 다듬고 말로 들리게 연습하고, 할 수 있는 한 최선을 다하며 준비하고 있어요.

설교를 전달하는 목사님만의 방법이 있으신지요?

— 목사님들이 저마다 특징이 있겠지요. 저는 위치로 말을 기억해요. 단어를 색깔로 표시하고 위치를 봅니다. 제 원고는 딱 3쪽 정도입니다. 원고를 작성하면 왼쪽 어디쯤에는 무슨 말이 있고, 오른쪽 어디쯤에는 무슨 말이 있고, 주황색은 경구를 인용한 거고, 청색은 성경 말씀입니다. 강조하고 싶은 내용은 굵은 글씨체로 표시를 하지요. 설교 전에 원고를 많이 읽어서 머릿속에 입력시킵니다. 그리고 한 번만 봐도 여기는 무슨 내용이고, 다음은 무슨 내용이라고 새기고 설교하지요. 몇 년 전까지만 해도 설교를 거의 외우고 올라갔습니다. 그런데 이제 나이가 들고 나니 암기력이 떨어지고 말이 많아져요. 원고에 쓰지 않은 이야기가 자꾸 튀어나와요. 그래서 요즘에는 가능한 원고에서 벗어나지 않고 준비한 그대로 하려고 합니다.

저도 목사님들께 '내용을 인지하라'고 코칭합니다. 메시지를 먼저 이해하고 머릿속으로 그린 그림을 성도들에게 말하듯이 전하라고 권하지요.

— 그렇습니다. 그게 바로 '흐름'이에요. 단어 하나하나가 중요한 게 아니라 흐름이 중요합니다. 우리 교회 장로님 중에 영화배우가 있어요. 그분이 대사를 참 잘 외워요. 한 번은 어떻게 그렇게 자연스럽게 대사를 연기하느냐고 물었더니 자기는 대사를 안 외운다고 하시더라고요. 그 분위기, 그 장면에 몰입해서 들어간다고 하셨어요. 미리 몰입해서 상대방이 무슨 말을 할지 그려놓는다고 했어요. 대본을 머릿속으로 한번 시뮬레이션을 해본다는 것이지요. 제가 그분께 한 수 배웠습니다.

설교를 잘하는 목사님을 추천하신다면 어떤 분이 있을까요?

— 하하. 목사가 목사를…. 김동호 목사님 말씀을 잘 전하시죠. 메시지가 정확하고 전달력이 물 흐르듯 자연스럽습니다. 이동원 목사님도 탁월한 설교가시죠. 언어적 능력이 뛰어나고 노력도 엄청나게 하는 분이지요. 이동원 목사님과 청년 사역을 같이 다녔는데 집회 끝나고 자정이 다 되어 강사들이 모여서 후일담을 나누거든요. 그때 가만히 보면 목사님은 십대 아이들의 관심사와 유행어를 다 알고 있어요. 그만큼 사람들에 대해 관심이 많고 연구도 많이 하는 분이죠. 하용조 목사님 설교에도 감동을 많이 받았습니다. 말씀 그 자체에 깊이 있는 묵상이 있습니다. 그분의

설교를 들으면 눈물이 나고 마음으로 교감하게 되지요. 옥한흠 목사님도 명설교를 하셨다고 생각합니다.

듣기에 안타까운 설교도 있을 것 같아요.

— 유럽에 웅변술이 한창 발달했을 때 이런 말이 있었지요. "두 시간짜리 웅변이라 할지라도 그것을 한 문장으로 표현할 수 없다면 표현하지 마라." 이 말은 설교에도 해당한다고 생각해요. 우리 후배 목사들의 설교를 보면서 느끼는 게 있어요. 30분 설교를 했는데도 무슨 이야기를 하려고 했는지 못 알아듣는 경우가 많거든요. 나는 후배들한테도, 우리 부목사들한테도 심하게 꾸짖습니다. "무슨 이야기를 한 거지요? 나도 모르겠는데 성도들이 알아듣겠습니까? 본문의 메시지와 지금 설교가 어떻게 연관이 됩니까?"

설교 잘한다는 목사님들을 그저 흉내 내는 식의 훈련은 희망이 없다고 봅니다. 첫 번째, 성경 공부부터 철저히 하라고 말씀드리고 싶습니다. 성경 속에서 오늘 우리에게 주시는 하나님의 음성을 듣는 법부터 배워야 합니다. 전달 방법은 따로 공부하면 되지만 성경의 메시지, 하나님의 음성을 들을 줄 모르는 설교자가 어떻게 설교자일 수 있을까요.

두 번째, 성경의 메시지를 못 듣는 이유의 큰 부분은 국어 실력이 부족하기 때문입니다. 읽고 이해를 못 해요. 그러면 자기 나름대로 해석하는 능력, 성경을 분석하는 능력이 떨어지게 마련입니다. 맥락을 읽는 능력이 중요해요. 문단을 나누고, 전체 개요를 파악하는 국어 실력을 길러야 합니다.

설교를 하려면 먼저 말과 글에 대한 이해가 있어야 한다는 말씀이신가요?

— 그렇습니다. 자기 생각이 명쾌해야 핵심 메시지를 정리할 수 있습니다. 설교에서 가장 중요한 것은 한 문장으로 정리하는 거예요. 더 엄밀하게 요구한다면 오늘 설교를 단어 하나, 주제 하나로 쥐고 있어야 하지요. 무엇에 대해 이야기하려고 했는지 자기만은 확실히 알고 있어야 합니다. 그리고 설교의 감성적 흐름도 중요해요. 왜냐하면 설교는 논리가 아니거든요. 그건 강의죠. 처음에는 설교 전체의 논리적 흐름에 대해 깊이 고민하고 두 번째 전달 과정을 생각하며 이 대목에서 교인들은 어떤 마음이 생길까? 그렇게 듣는 이들의 감정 흐름까지도 읽어내며 문장을 정리합니다. 그러다 보면 논리적으로 필요했던 단어나 문장들을 지우게 돼요. A4 용지로, 2~30쪽 준비됐다가 줄이고 줄여서 3장으로 정리합니다. 예화 자체도 좋지만 필요 없다는 생각이 들면 그냥 지웁니다. 줄이는 게 더 어렵습니다.

설교의 메시지만큼 전달 능력도 중요할 것 같습니다.

— 목사들에게 좀 더 직접적인 도움의 말들이 필요하다는 생각이 듭니다. 국어공부를 철저히 하라고 다시 한번 강조하고 싶습니다. 지금이라도 중·고등학교 교과서를 읽어보고, 예화도 내가 경험했거나 책을 직접 읽고 찾는 훈련을 해야 해요. 그런 예화들이 설득력이 있고 감동이 있거든요. 그러니까 평소에 책을 많이 읽어야 합니다. 그 전에 어떤 책을 어떻게 읽어야 하는지 고민해야 하고요. 설교할 때 발음이나 성량, 문법적으로 정리된 말하기 같은 부분도 도움이 필요합니다. 사실 목사님들 중에는 내용만 좋으면 그만이지 하는 마음에 그냥 선포하는 분들이 있거든요. 전달 부분에 대한 이해와 방법을 알 수 있다면 더 깊이 교감할 수 있는 말씀이 되지 않을까 생각합니다.

참고문헌

강태완,『설득의 원리』, 페가수스, 2010.

김경태,『스티브잡스의 프레젠테이션』, 멘토르, 2004.

김미경,『아트 스피치』, 21세기북스, 2010.

김병삼,『명품설교순례』, 교회성장연구소, 2011.

김영봉,『설교자의 일주일』, 복있는사람, 2017.

김은성,『마음을 사로잡는 파워스피치』, 위즈덤하우스, 2000.

———,『이 남자가 말하는 법』, 김영사, 2011.

나가타 도요시,『프레젠테이션기술 도해사고력』(정지영 옮김), 스펙트럼북스, 2011.

나탈리 로저스,『토크파워』(강헌구 옮김), 한언, 2003.

다니엘 오버도르프,『설교를 적용하기』(이재혁 옮김), 디모데, 2013.

데이브 알레드,『포텐셜』(이은경 옮김), 비즈니스북스, 2017.

데이비드 고든,『우리 목사님은 왜 설교를 못할까』(최요한 옮김), 홍성사, 2012.

래리 킹,『래리킹, 대화의 법칙』(강서일 옮김), 청년정신, 2001.

마틴 로이드 존스,『설교와 설교자』(정근두 옮김), 복있는사람, 2005.

목회와 신학 편집부,『한국교회 설교분석』, 두란노아카데미, 2009.

박영재,『설교가 전달되지 않은 18가지 이유』, 요단, 1998.

박재연,『말이 통해야 일이 통한다』, 비전과리더십, 2016.

백미숙,『스피치로 승부하라』, 교보문고, 2013.

복주환, 『생각정리 스피치』, 천그루숲, 2018.

신은경, 『홀리 스피치』, 포이에마, 2012.

안종필, 『설교 스피치 커뮤니케이션 총론』, 쿰란출판사, 2007.

앤디 스탠리, 『설교 코칭』(김창용 옮김), 디모데, 2007.

온은주, 『비쥬얼 씽킹으로 하는 생각정리 기술』, 영진닷컴, 2014.

우석진 · 박규성, 『1% 비주얼 씽킹』, 샌들코어, 2015.

유정아, 『서울대 말하기 강의』, 문학동네, 2009.

윤태영, 『윤태영의 글쓰기노트』, 책담, 2014.

이서영, 『사람을 끌어당기는 공감스피치』, 원앤원북스, 2010.

이장현, 『청중 분석과 설교』, 크리스챤, 2008.

이창안, 『설교 스피치 TURNING POINT』, 성림출판, 2006.

임유정, 『나의 스피치 스타일을 바꿔라』, 원앤원북스, 2015.

임정섭, 『글쓰기 훈련소』, 경향미디어, 2009.

임태섭, 『스피치 커뮤니케이션』, 커뮤니케이션북스, 2003.

정장복, 『한국교회의 설교학 개론』, 예배와 설교아카데미, 2001.

조현삼, 『말의 힘』, 생명의말씀사, 2007.

최재웅, 『강의력』, 엔트리, 2013.

칼 하우스만 · 루이스 오도넬 · 필립 보누아, 『아나운싱방송커뮤니케이터의
     이론과 실제』, 커뮤니케이션 북스, 2004.

파울 크리거 · 한스-위르겐 한첼, 『스피치 핸드북』(백미숙 옮김), 일빛,
     2000.

한국아나운서연합회, 『아나운서 말하기 특강』, 다우출판, 2016.

황유선 · 손의식 · 조현지 · 김지민, 『커뮤니케이션과 방송스피치』, 미르커뮤
     니케이션, 2007.

이른비 씨 뿌리는 시기에 내리는 비를 말하며, 마른 땅을 적시는 비처럼 인간의 정신과 마음을 풍요롭게 하는 책을 만듭니다.

들리는 설교

1판 1쇄 발행일 2019년 12월 10일
1판 3쇄 발행일 2024년 1월 10일

지은이 장주희
펴낸이 박희진   **펴낸곳** 이른비
등록 제2020-000136호
주소 10517 경기도 고양시 덕양구 행신로 143번길 26, 1층
전화 031) 979-2996
이메일 ireunbibooks@naver.com
페이스북 facebook.com/ireunbibooks
인스타그램 @ireunbibooks

편집 안신영   **디자인** 노승우 안세영

ⓒ 장주희 2019
ISBN 979-11-955523-9-9 03230